History of Chinese Culture

中国文化简史

青山依旧在

明清文化简史

王立——主编

北京出版集团公司
北 京 出 版 社

图书在版编目（CIP）数据

青山依旧在：明清文化简史 / 王立主编. — 北京：北京出版社，2017.2
（中国文化简史）
ISBN 978-7-200-12678-5

Ⅰ. ①青… Ⅱ. ①王… Ⅲ. ①文化史—中国—明清时代 Ⅳ. ①K248.03

中国版本图书馆 CIP 数据核字(2016)第 313366 号

丛书主编：王　立
主　　编：纪云华　杨纪国
编　　著：纪云华　杨纪国　王舜舟　王　超　王元崇
　　　　　徐　东　别志雷　冀永文　秦　超

中国文化简史
青山依旧在
明清文化简史
QINGSHAN YIJIU ZAI
王　立　主编
*
北京出版集团公司
北　京　出　版　社　出版
（北京北三环中路 6 号）
邮政编码：100120
网　　址：www.bph.com.cn
北京出版集团公司总发行
新　华　书　店　经　销
北京华联印刷有限公司印刷
*
787 毫米×1092 毫米　32 开本　9.25 印张　168 千字
2017 年 2 月第 1 版　2017 年 2 月第 1 次印刷
ISBN 978-7-200-12678-5
定价：38.00 元
如有印装质量问题，由本社负责调换
质量监督电话：010-58572393

目　录

明

附录

明

中西文化的广泛交流

元朝末年，政治腐败，土地高度集中，同时水旱灾害频仍，广大农民流离失所，阶级矛盾迅速激化。从公元1351年开始，农民起义风起云涌。以朱元璋为首的农民军利用乱世的有利时机，逐步发展扩大，1368年，朱元璋在应天府（今南京）称帝，国号明，同年八月，明军攻占元大都（今北京），元朝灭亡。

朱元璋吸取元朝灭亡的深刻教训，建国之初采取一系列的政治措施巩固中央集权，为社会经济、文化的恢复和发展提供了有利条件。

明文化在继承盛唐之风和宋元文明的基础上，重视与西方文化的广泛交流。在明朝较为宽松的对外政策的引导下，中西文化亲密接触、相互融合，掀起了中外文化交流的新高潮，为世界文化的发展做出了杰出的贡献。

一、皇恩浩荡下的知识分子

科举制度的改革

科举制度在中国的历史是相当久远的。早在两汉时期，盛行一种察举制度，有些学者认为，这就是科举制的前身。正式的开科取士是隋朝的创举，然后经历了唐、宋两朝的改革发展，到明朝达到极盛。这时候通过考试录取做官的人已经达到一种规范化、制度化的程度。

明朝的开国皇帝朱元璋在建国之前就重视人才的收罗与运用，曾下达“设文武二科取士之令”，一时传为美谈。建国之后，他就把他这些诏令付诸实施，自洪武三年（1370）八月开始，“特设科举，务取经明行修、博通古今、名实相称者”，并且还“亲自策于廷，第其高下而任之以官”。后来他发现通过科举当了官的人大多比较年轻，理论与实践有所脱节，大失所望，于是废科举，改为汉代的察举来选任人才。察举制度推行了十年，由于举荐

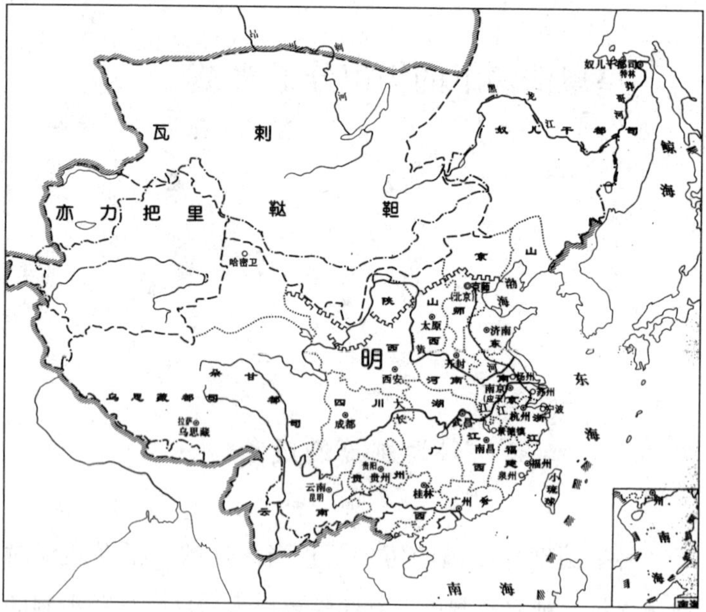

明时期全图

的人数多而且越来越滥，朱元璋感到有恢复科举的必要。1382年，恢复科举制，两年后礼部颁布“科举成式”，此后明清两代几百年的时间，科举制度基本上按照这个模式来运作。

1384年颁布的科举成式规定把科举分为四个级别，分别是童试、乡试、会试、殿试。

童试又叫作童生试，就是童生为了考取府、州、县学的生员（即俗称的秀才）所进行的考试。明代的童试又包括县试、府试、岁试、科试四个阶段，只有通过岁试之后的童生，才可以成为生员，称为“进学”。这些生员在参

朱元璋画像

加科试后，优胜者才有资格参加乡试。

乡试又叫作“乡闱”，在各省省会举行，三年一次。由于考试时间安排在中秋八月，所以又称秋闱、桂试等。这一级别的考试，由皇帝钦定的正副考官主持。乡试共分三场，三场皆中者，就成了举人，俗称孝廉。中者前五名叫“五魁”，“五魁”之首叫作“解元”。只有中了举人

国子监

的，才拥有了一种正式的科名和做官的资格。

会试是在乡试后第二年在京城举行，由皇帝钦定的主考官和同考官主持，参加考试的是各省举人。一般会试的时间定在当年的二月，所以会试又叫作春试、杏榜。会试也是分为三场，三场皆中者成为贡士，贡士第一名叫作“会元”。

紧接着会试之后举行殿试，殿试又叫作廷试，于三月一日在朝廷上举行。这时候的主考官，明朝初年是由皇帝自己主持，但是明朝中叶之后，皇帝就很少参与其中了。殿试只试策一场，考试的结果没有黜落者，仅仅是分出贡士的名次来。殿试发榜，有三甲：一甲赐进士及第，第一名称状元，第二名称榜眼，第三名称探花，这三个人，又叫作三鼎甲；二甲赐进士出身，有若干人，第一名称传胪；三甲若干人，赐同进士出身。一身兼有解元、会元、状元者叫作“三元及第”，这是最高的荣誉。有明一代，三元及第者，只有两个人，一是洪武二十四年（1391）的状元黄观，二是正统十年（1435）的状元商辂。

洪武十七年（1384）制定的科举成式沿用几百年，历明清两朝，其间虽然有一些内容或者形式上的变动，但是大体上没有脱离这一总体的格局。可见明初科举制度对后世的影响。

八股文的幸与不幸

明代科举制度成式对后世产生的重大影响，还有一点就是在科举考试内容上采取八股文这种专门文体。八股文又称制艺、时艺、时文、八比文，这些不同的名目指的都是一种事物。根据题目来源的不同，又有不同的称呼，如题目来源于“四书”的叫作四书文，来自“五经”的叫作五经文。每一篇八股文都是由破题、承题、起讲、入手、起股、中股、后股、束股八个部分构成，有人认为这就是“八股文”的名字由来，但是这是一种错误的理解。所谓八股，指的是起股、中股、后股、束股四个部分，每个部分当中都有两股排比、对偶的文字，合起来总共为八股，这才是“八股文”名字的真正由来。

八股文的渊源可以追溯到唐代的试帖诗和宋代的经义。唐代进士考试的五言八韵试帖诗首联即破题，次联就是承题，然后又有颔比、颈比、腹比、后比，最讲究对仗工整，结构布局与八股文有类似之处。到了宋代，时文已经演化成从破题到结尾十个固定的段落，这可以说就是明代八股文的前身。

八股文除了形式上的种种规定之外，还有一些韵律方面的讲究。汉语的文学作品，包括诗词曲赋在内，都可以说是音调的单位，所以音韵的考究常存在于八股文中间。

那么现在应该如何来看待八股文呢？这个问题已经讨论过许多年了。八股文似乎已经成了一种人人厌弃的作品形式，文集书目都不会编入。“制艺者，遵命文学而已；时文者，用过弃之者也。”但是这些对八股文的指责其实是与八股文本身没有什么关系的。八股文怎么说也只是一种文体形式而已，正如启功所说：“不但这种文体不负责，还可以说是这种文体被人加上的冤案”，而金克木对此也有评价，他说：“任何一种表达形式（或者说任何体裁），都既可以表达造反，又可以表达磕头；八股文之所以只表达磕头而不表达造反，原因很简单，是那个高高在上的只许磕头，不许造反。进一步，或深追一层，是喜欢磕头，痛恨造反。”于是执笔的知识分子，一则为了求得飞黄腾达的功名，二则为了避免祸患，只好作一些迎合的话语，这其实也是可以理解的，否则后果就不堪设想了。有一个例子，明嘉靖年间，山东乡试，某试子做“无为而治”题，末尾来一句结论道：“继体之君，未尝无可承之法；但德非至圣，未免作聪明以乱旧章。”这话引起“高高在上者”的勃然大怒，结果下令捉拿，杖责致死。可见写什么、怎么写，其实不是八股文本身所决定的，也不是某些有良知的知识分子决定得了的。

二、诗与散文——拟古还是性灵

追寻汉唐风范

诗歌与散文有着十分长远的历史渊源。最早的诗歌总集《诗经》开韵文诗体之一代先河，而先秦诸子的学术思想都是用散文的体裁写成的。到有明一代，诗歌与散文的文风几经变换，明代初期的文坛上气势恢宏，宋濂、方孝儒、雄文天、刘基、杨维桢诗性风流，一时胜代遗逸，人才辈出，风神飘举，统领风骚。

这时候的诗文有一种拟古的气象。说起拟古之风，总会让人想起唐宋时候的古文运动，当时文坛上的一些著名人物纷纷打起“复古”大旗，希望借助汉朝以来优秀的文学传统一反六朝骈体文的纤巧华丽和空洞无物，但是唐宋时期古文运动的根本目的在于借助古文革新开创一条文学发展的新路，正像韩愈所说“师其意、不师其辞”。但是明代初期文坛上兴起的一股追寻汉唐风范的潮流，不但在理论上文必师秦汉、诗必师盛唐，在创作实践上，也是以古人为标本，处处效仿，所以称为“拟古”。

一般认为，明初拟古的风气，是“开国文臣之首”宋濂首倡。宋濂认为“文学之事……当以圣人之文为宗”，对于后世的诗文，他动不动就谴责它们为“风花烟鸟之章”。继宋濂之后，举起拟古大旗的是宋濂的弟子方孝儒。方孝儒的拟古言论表现在他对后世诗文抨击的言语之中：“后世之作者，较奇丽之词于毫末，自谓超乎形器之表矣，而浅陋浮薄，非果能为奇也。”“近世之诗，大异于古。”仿佛因为“大异于古”就是冒天下之大不韪了。与宋、方同时，也有其他一些文学家发出拟古的言论，著名的诗人杨维桢说“非先秦两汉弗之学”，认为只要不是先秦两汉的文章风格与作文技法，就是不应该学习仿效的。著名诗人高启的诗，被人赞扬说是“拟汉魏似汉魏，拟六朝似六朝，拟唐似唐，拟宋似宋”，时人以为达到极至了，但是就是没有自己的独创风格。

之后兴起的闽中诗派和茶陵派，接过宋、方、杨、高等人开创的拟古旗帜，继续传承。林鸿是闽中诗派的代表人物，他尊奉盛唐诗歌之风，认为“唯唐作者可谓答成……学者当以是为楷式”。他自己作诗也是专学唐人，一味模仿。在他的带动下，闽中一带诗人竞相效法盛唐诗风，形成一个闽中诗派。而明代的诗歌，首先是在闽中一带昌盛的，所以他们推崇盛唐的思想，对后来的诗坛产生了非常大的影响。有人认为，后人作诗师法唐朝，认为唐诗是正宗，其“胚胎实兆于此”。

茶陵派的代表人物是成化、弘治年间的李东阳，由于他的籍贯是湖南茶陵，所以他和他的弟子门生组成的诗派就叫作茶陵派。在李东阳看来，唐以外各个时代的诗歌都是不值得推崇和仿效的。他评价六朝和宋元时代的诗歌时说，虽然这中间也有一些比较好的，但是不能够代表这个时代的特点，而且也不能够深得诗歌的真谛，“只是禅家所谓小乘，道家所谓尸解仙耳”。这一评论，过于尖刻，不能不说是他的主观臆断。他还认为，宋人写的诗歌，由于受到理学思想的影响，思想比较深邃，哲理性比较强，但是与唐诗相比，相差太远了；元代诗歌相对来说有复归质朴的特点，于是内涵相对浅显，注重形象表达，倒是离唐诗近了一些，但是也不能够尊为典范，因为“所谓取法乎中，仅得其下耳”，既然有那么多的唐诗可供模仿，何必再把元代的诗歌拿来效法呢?

讲到明代文坛的拟古倾向，不得不谈“前七子”和“后七子”，他们对明代前期拟古思潮的继承和发扬，使拟古运动在明代文坛中真正占据了举足轻重的地位。明弘治年间（1488～1505），李梦阳、何景明、边贡、徐祯卿、王九思、康海、王廷相七人结成一个文学团体，“文称左迁（左丘明、司马迁），赋尚屈宋（屈原、宋玉），古诗体尚汉魏，近律则法李杜（李白、杜甫）”，至于历史上其他的文学家一概嗤之以鼻，“非是者弗道”。由于这七人在文坛上的影响，明代文学拟古思潮一时风行，后人称他们七人为“前七子”。既然有“前七子”，那么就肯定会有“后七子”，嘉靖年间（1522～1566），李攀龙、王世贞、宗臣、谢榛、徐中行、吴国伦、梁有誉七人，支持“前七子”的主张，结社宣传，发扬天下。这七人才高门望，例如李攀龙有“文苑之南面王”之称，而王世贞更是“声华意气笼盖海内”。这些人“文必西汉，诗必盛唐”，认为这之后的书是不应该去读的。“后七子”拟古思潮的影响，直到万历年间（1573～1619）还能够感觉得到，所以自弘治至万历这一百多年的时间，是明代文坛拟古风潮的鼎盛时期。其中“前七子”“后七子”等人的功劳是不可磨灭的。

拟古潮流因何而起

想了解明代诗文拟古风潮兴起的原因，就要深入分析这些拟古主义者们所批判和抨击的对象。无论是宋濂、方孝儒，还是后来的“前七子”“后七子”，他们共同抨击的目标是宋代的“理气诗”和“以文为诗”。所以，如果从整个中国文学史上来看，这个时代的拟古风潮，无疑体现了一种对宋元一代诗文流弊的反动。

所谓“理气诗”，指的是宋代诗人受到当时流行的理学思想的影响，在诗歌创作中不自觉地融入了许多哲理，虽然使诗歌增加了许多深度，但是忽略了诗歌的形象艺术以及通俗表达，结果诗歌中充满了说教气息，失去了唐代以来的质朴纯真的美感。著名的理学家朱熹有一首诗歌是这么写的：

半亩方塘一鉴开，天光云影共徘徊。
问渠哪得清如许，为有源头活水来。

这首诗虽被后人广为传诵，但都是作为一首哲理诗来理解的，它说明了人的思想就像水一样，必须有源头的活水作为补充，流水不腐，否则就会僵化，没有了创新和清晰的思辨能力。所谓“要让你的思想流动起来”，正是这个道理。至于宋朝的散文，更是“长于议论而欠弘丽”“尚理而病于意兴”，甚至“言理而不言情”，使诗歌的文学性大大减弱。还有一些理学家“以文字为诗、以议论为诗”，把诗歌变成了压韵的语录讲义，“以论理为本，以修辞为末”，这就是所谓的“以文为诗”。“以文为诗”更加忽视了文学的自身特点和规律，使得诗歌难以卒读，味同嚼蜡。

明代拟古文学家极力反对这种创作方式，他们强调诗文之间各方面的不同，认为诗歌首先应该“吟咏性情”，而文章也应该首先是文学性和可读性。李东阳认为，早在

“六经”中诗文已经分家，各有各的写法，写诗应该像《风》《雅》《颂》，写文章应该像《诗》《书》《礼》《乐》《易》《春秋》。他指出诗之区别于文的最大之处是诗歌独特的表现手法：“以其有声律讽咏，能使人反复讽咏，以畅达情思，感发志气。”那么，怎样才能够改变宋代诗文的弊端呢？在他看来，学习先秦两汉的古文、效法盛唐时期的诗歌，这才是正途。

明代拟古运动还有一个重要的批判对象，那就是当时流行的“台阁体”这一宫廷文学形式。所谓“台阁体”，指的是明初由杨士奇、杨荣、杨溥（人称“三杨”）开创的一种应景、颂圣、题赠、应酬之类的诗文，内容千篇一律，多为歌舞升平粉饰太平的诗文。“三杨”在明成祖、仁宗、宣宗、英宗四朝都是官居高位，成为所谓的“台阁重臣”，他们所作的诗文就叫作“台阁体”。这一类的诗文，如杨士奇的《西夷贡麒麟早朝应制诗》《圣德诗十首》等，雍容典雅、词气安闲，但是内容空洞、陈陈相因、白草黄茅、纷芜靡蔓，至于“成、弘间，诗道旁落，杂而多端”，更可悲的是“众人靡然和之，相习成风”，终至“庸肤之极，不得不变而求新”了。针对这种“流于庸肤”“气体渐弱”的危机局势，以李东阳为代表的“茶陵派”试图以“宗唐法杜”为旗帜，希望能够扫除文坛上的冗长拖沓，于是“永乐以后诗，茶陵起而振之，如老鹤一鸣，喧啾俱废”，给“台阁体”诗风以沉重的打击。之后，“前七子”“后七子”继续以拟古法则批判“台阁体”，极有明一代诗坛大盛。他们对“台阁体”的批判不但有改革文体、文风的要求，而且还有一定的思想解放的意义，因为对宫廷歌舞升平文学的反对，本身就是一种革命性的挑战权威、冲破束缚的行动。

正是因为拟古文人对宋人“以文为诗”和对明初“台阁体”的批判，“情”和“意境”在后来的诗歌创作中才得到了重视。宋人写诗，大多不怎么重视“情”，或者说他们对“情”的重视程度远远不如对“理”的重视程度高。宋人“言理不言情”的思潮大大违背了诗歌本身的艺术特征，“感心而动目者，一发于诗”，这一点正是明代拟古主义者所追求和倡导的。在《梅月先生诗序》中，李梦阳说：“情者，动乎遇者也，幽岩寂滨，深野旷林，百卉既痱，乃有缟焉。山英之媚枯，缀疏横斜，奇绮清浅之区，则何遇之不动矣？……故天下无不根之萌，君子无不根之情，忧乐潜之中，而后感触应之处，故遇者因乎情，情者形乎遇。”徐祯卿说：“夫情能动物，故诗足以感人。”所以诗是什么呢？诗其实就是“心之精神发而声者也”。

如果说“情”是诗歌创作的灵魂，那么意境就是诗歌美感体现之所在。如果一首诗没有意境，无论它的文辞多么华美，内容多么丰富，都难以体现出这首诗的美感。明代诗人把诗的意境称为“情景”，认为“景乃诗之媒，情乃诗之胚”，二者是缺一不可的。诗歌创作的真谛，就是“发情景之蕴”，所谓“遇境即际，兴穷即止”“情景妙合，风格自上”，都是这个道理。正是因为受到追求“情景”的启发，明代诗人开始对民间诗文有所重视，比如李梦阳高度评价了市井流传的民间歌谣，认为它们中间有许多有价值的东西。何景明也认为民间诗歌质朴真实，这是那些士大夫们写不出来的。王廷相则亲自研究、学习民间诗歌的创作，他写的十首《巴人竹枝词》就是对民歌的一种模仿。这种对民间诗歌的重视和研究，与当时在市井百姓当中兴起的通俗文学相互对应，共同表达了明代文学思潮的新动向，其中的积极意义是不言而喻的。

但是，无论“前七子”和“后七子”的主张产生了怎样的积极意义，在他们后来的著作中却难免出现了一种唯古是尊的错误倾向。古人的诗歌和散文，无论是内容、格调、风尚、音节以及一切内在的意境和外在的形式，都成为这些拟古主义者逐篇模拟的对象。一味地拜古贱今，在精华的取舍方面不免带有盲目的主观意识。何景明认为“文自西京、诗自中唐而下，一切吐弃”“文非秦汉不以入于目，诗非汉魏不以出诸口”“诗自天宝以下，文自西京以降，誓不纡其毫素”“大历以后书勿读”。这种“文不程古则，不登于上品”的思想与主张，在清算宋人“理气诗”以及明初“台阁体”的同时，也阻塞了后来诗文创新之路。

其实拟古主义文学家内部发展到“前七子”“后七子”的时候，就已经显露出危机的征兆。“前七子”中的何景明，已经对盲目的仿古隐含的弊端有所认识，他曾经指责李梦阳“刻意古范、铸形塑模”“如小儿依物能行，独趋颠仆”。“后七子”之一的谢榛，一边在鼓吹诗以初唐、盛唐为宗，一边又主张兼收并蓄、采取各家之所长，尤其是重视性灵的抒发，比如他曾经说过：“万物一我也，千古一心也。”他认为诗文的绝妙之处在于自然，而不是单纯的仿古，所谓“妙则自然”。这使得李攀龙、王世贞大为愤慨，“岂其使一眇君子肆于二三兄弟之上！”于是众人自作主张，把谢榛从“后七子”里面除名。

单纯的拟古，在晚明时期已经在文坛上失去感召力量，再次发起明代诗文革命的，就是性灵派文人。

我是谁——性灵诗歌的文化心态

所谓“性灵”，大致是“反诸内心”，并且把内心的东西真切地表达出来的意思。“夫性灵窍于心，寓于境。境所偶触，心能摄之；心所欲吐，腕能运之”，只要是真情所在、发诸笔端，那么无论是写帝王将相也好，写才子佳人也好，写生活琐事也好，写花鸟虫鱼也好，甚至写蝼蚁蜂蝶、诙词谐语、亲子之情、男女之事，都是真诗妙文。

早在万历年间，当时的大思想家李贽就对八股考试进行了批评，认为八股考试在四书五经上寻章摘句，“咸以孔子是非为是非”，这是对人心灵和个性的一种束缚和摧残，只能够使人丧失本真自我，本来纯净的本心被后天习得的道理见闻所蒙蔽。他提出自己的“童心说”，认为“童心者，真心也”“天下至文，未有不出于童心者焉”。在“童心说”的基础之上，他又提出应该重视“性情”，认为“声色之来，发于性情，由乎自然，是可以牵合矫强而致乎？自然发于性情，则自然至乎礼义，非性情之外复有礼义可止也。”作诗作文，也必须要以“童心”和“性情”为源泉或者根本。万历十八年（1590），李贽与公安袁氏初次会面，从此他的思想对后来公安性灵派文学产生了深远的影响。

公安袁氏，又称“袁氏三兄弟”，指的是袁宗道、袁中道和袁宏道三兄弟。他们在与李贽初次会面的时候，就已经以诗文著称一方。万历十八年，李贽游历到公安，在一座庙里与袁氏三兄弟会面，几个人谈天说地，意气风发。李贽称赞三人的脱俗性灵，尤其是称赞袁宏道为世间“英灵男子”，说他“识力胆力，皆迥绝于世”，而袁氏三兄弟也对李贽的思想深为敬佩：“先生一见龙湖，始知一句掇拾陈言，株守俗见，死于古人语下，一段精光不得披露。”尤其是对那些离经叛道的言论，三袁更是真诚折服。此后，袁氏三兄弟文风更加倾向于发掘内心世界，追求一种人心与自然的本真领悟与表达。“至是浩浩焉如鸿毛之遇顺风，巨鱼之纵大壑。能为心师，不师于心；能转古人，不为古转。发为语言，一一从胸襟流出，盖天盖地，如象截急流，雷开蛰户，浸浸乎其未有涯也。”“独抒性灵，不拘格套，非从自己胸臆流出，不肯下笔”。

由于这三人的影响，公安一带文人争相尊崇性灵，一时形成“公安”一派。他们或喜悦或悲伤，七情六欲之所致，都拿来写作诗文：

言既无庸默不可，阮家哪得不沉醉？
眼底浓浓一杯春，恸于洛阳年少泪。

如此狂放不羁的表面，掩藏着一颗真实质朴的心灵。当年阮籍驾车出行，信马由缰，走到没有路可以前进的地方，怎么办呢？大哭一场而已。千古之下，有袁氏这样一首诗，几百年的音符，在这里产生了一种似是而非、似非而是的共鸣。狂放不羁是与恃才傲物相互表里的，袁宏道也表达了他的直率性情：

一言不相和，大骂龙额侯。
长啸振衣去，漂泊任沧州。

真实的性灵是与自然结合在一起的，而天地之间的山山水水也被诗人的情趣所点燃，生机勃勃而又意趣盎然：

村老无花也自新，山茶红似女儿唇。
数茎白发春前长，一点青峦雨后真。
莺欲下枝先作语，鹊能占梦亦如人。
锦戈金络纷纷去，飞向晴空十里尘。

性灵小品文精巧细致

公安派不但写诗如此，即使是在作文的时候，也是远离经典古文、摒弃说教礼法，随心所欲、散漫风流，真正在文中贯彻“心我天地如一”的理念。灵气盎然的小品文是三袁最擅长的，这种文章无论是从选材定题还是从表达方法上来说，对呆滞死板的八股文都是一种反动。

袁宏道游览极乐寺庙，说那里有“百练千匹，微风水上，若罗纹纸。堤在水中，两波相夹，绿柳四行，树古叶繁，一树之荫，可覆数席，垂线长丈余”，又说看到“对面远树，高下攒簇，间以水田，西山如螺髻，出于林水间”。由于看到这里“南风不用蒲葵扇”的景致，于是便有了“纱帽闲眠对水鸥”的感慨。“何日挂进贤冠，作六桥下客子，了此一段情障乎？”其实古代有许多文人都有一种隐居山水间的心态，或者称之为“弃世情结”，但是有这种情结的人，起先大都在积极地奉行出世信条，修身齐家治国平天下，只有一旦发现自己的理想受挫，才会想起归隐山林，以梅为妻，以鹤为子，结庐于仙境，唱着“放吏身闲笑五侯，西江取竹起高楼”或者“妻太聪明夫太怪，人何寥落鬼何多”——正像落榜的经历成就了“姑苏城外寒山寺，夜半钟声到客船”这样一首千年传诵的绝妙诗句一样。像袁氏三兄弟这样正值壮年，事业上也并没有十分重大的挫折，却也要处处流露出归隐的心态来，即使是一时的“为赋新词强说愁”，也足见他们的生动飘逸与空灵洒脱。

除山水之外，小品文的写作题材多种多样，不一而足。例如袁中道在《寿大姐五十序》中回忆幼时与大姐之间的手足亲情，生活中的琐事细节被袁中道用细腻的笔法娓娓道来，字里行间流露的真情使得读者宛然就在他们的周围。而袁宏道在《虎丘中秋夜》一文中着意描写苏州的市民风俗，张扬声色之欢，写出正常的人间社会之景象：“虎丘八月半，土著流寓，士夫眷属，女乐声伎，曲中名妓戏婆，民间少妇好女，崽子娈童，及游冶恶少，清客帮闲，傒童走仆之辈，无不鳞集。自生公石、千人石、鹤涧、剑池、申文定祠下，下至试剑石、一二山门，皆铺毡席地坐。登高望之，如雁落平沙，霞铺江上。”

性灵小品文在晚明非常盛行，除三袁之外，李流芳、张岱、归有光等人也竞相在文坛上崭露头角，创作了大量精美细巧的散文片断。归有光所作的《项脊轩志》回忆了自己与祖母、母亲以及妻子三代的真情，也是摘取寻常往事，录在笔端，却能够在平凡的回忆里面抒发出“瞻顾遗迹，如在昨日，令人长号不自禁”的感情来。尤其是描写自己与妻子之间的深情，单单是那一句“庭有枇杷树，吾妻死之年所手植也，今已亭亭如盖矣”就足以把填塞胸膛的思念表白于日月之间，使人叹为观止。

许多文学家还表达了对当时社会生活长卷的关注，比如张岱就写过诸如《世美华堂》《金山竞渡》《越俗扫墓》等描写民间风情、工艺杂技的小品文，还编辑了一部《夜航船》，收集奇闻逸事，以供读书人在读圣贤之余消遣。

亦诗亦画，风流儒雅

晚明时期，一些画家创作的放荡不羁、不合礼法的诗文也是晚明性灵文学中重要的组成部分。这些亦诗亦文亦画的人物有家喻户晓的唐寅，有他的朋友祝允明、文征明以及狂生徐渭等等。他们无论写诗还是作画，都是“独抒性灵、不拘格套”，从人的自然欲望出发，表达孤傲不羁的个性，这逐渐成为他们的艺术宗旨。无论是“堕水堕驴都不恨，古来一死博河豚”的徐渭、“闲来写就青山卖，不使人间造业钱”的唐寅，还是“有花有酒有吟诵，便是书生富贵时”的祝允明，都天真率直。唐寅写过几首题为

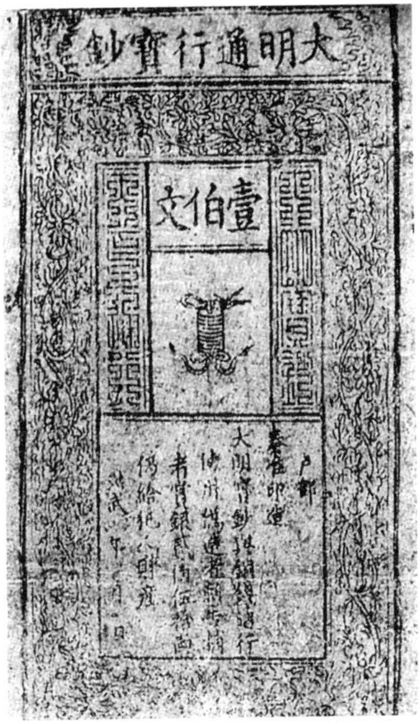

大明通行宝钞

《漫性》的诗，其中有四句说：“此生甘分老吴阊，万卷图书一草堂。龙虎榜中题姓氏，笙歌队里卖文章。”这几句诗，把一个曾经追求过八股功名而不得，然后沉湎于青楼歌舞之中的“江南第一才子”写活了。社会法统既然已经荒诞化，那么何不在制度之外寻找自己心灵的归宿呢？于是他一边为自己死去的妻子写着“镜里形骸春共老，灯前夫妇月同圆”，表达自己对妻子的深切悼念，一边为害了相思病的妓女写着“门外青苔与恨添，和书难寄鲤鱼衔”，表达自己对妓者痴情的理解。

当然，性灵文学家的率性有时候也会走向极端。比如徐渭性情狂傲，晚年愤激整个社会，更不把任何人放在眼里，有时候达官显贵到他的寓所拜访，他也是拒绝接待。他常常自己一个人带些酒，叫一些乡下人或仆人来，陪他到酒馆一块儿喝酒。这其实还是可以理解的，让人不能够理解的是有时候他甚至“自持利斧击破其头，血流被面，头骨皆折，揉之有声”或者“以利锥锥其两耳，深入寸许”。这种自残的做法只能说是已经有精神分裂的症状了。追求性灵到了这种地步，已经不再是追求本真的美了。

三、笑谈中的古今世事

英雄之一——帝王将相

如果说诗歌和散文是上层文人的雅好，那么小说，尤其是明清时期的话本小说则完全是老百姓喜闻乐见的一种文化艺术形式。明清时期的话本小说本来也的确是为了市井街头说书的艺人说唱用的，所以都是用章回体，而且在结尾的部分往往会设置一个悬念："要知后事如何？且听下回分解"，这几乎成了明清小说回目结尾的一贯样式。在小说当中，为了适应说唱的传统，也夹杂着许多诗词歌赋，有的甚至整个小说几乎成了一部弹词作品，如清代的《绘图第一奇女》，又叫作《十粒金丹》。

明代是古白话小说发起并鼎盛的时期，这时候比较著名的作品如《三国演义》、《西游记》、《水浒传》、《金瓶梅》、《喻世明言》、《警世通言》、《醒世恒言》（合称"三言"）、《初刻拍案惊奇》、《二刻拍案惊奇》（合称“二拍”）、《封神演义》、《东周列国志》等，大都是写英雄人物的所作所为，所以可以说是一系列英雄人物的传记。什么是英雄？人类最早的认识，当然认为英雄只限于帝王将相，所谓的“成大事者”，用下层人民的说法就是建功立业的人。这种观念在中国一直到了明代前期仍旧占主导的地位。把古今多少帝王将相的事迹都付诸笑谈中的时候，小说也就出来了。作为“第一才子书”的《三国演义》就体现了作者帝王将相的英雄观。

《三国演义》可以看作是明代小说的发端，它问世于元末明初，是中国第一部长篇章回体小说。这部书是根据史书《三国志》改编而来的，从内容上来看，它是一部彻头彻尾的纯粹的英雄演义故事。从书的开篇“宴桃园豪杰三结义、斩黄巾英雄首立功”开始，无论是“虎牢关三英战吕布”，还是“关云长温酒斩华雄”，写的都是英雄人物在战场上打打杀杀的情节。读者通过刘备的仁义（真的也好，假的也罢）、关羽的忠心、诸葛亮的机智、曹操的狡诈，可以看出作者罗贯中在创作这部小说时满怀的激情。然而，作者所描绘的英雄并不是普通的市井人物，而是叱咤风云的帝王将相，这就反映了作者的英雄观还是没有脱离原始的古典英雄观念，从而也就使作品明显地带上了正统文化的色彩。但是这并没有影响到它被下层百姓所喜爱，反而还赢得了许多知识分子的青睐。不但一些所谓“白发渔樵”喝着浊酒，在河桥夜雨中点一盏油灯来笑谈，就是一些书生，也常常在自己四书五经的旁边，摆一部《三国演义》来看，以至于一些士人书生以为书里的故事就是信史，结果常常闹出笑话来。清朝末癸卯年湖南乡试，一道题目就是“三国人物优劣论”，结果场上试子多半把诸葛亮奉为头把交椅，甚至把“巧借东风”“木牛流马”当作论据，可见《三国演义》在当时的影响之深。至于对平常老百姓的影响，那更是难以估量，老年人中间有几个不知道赵子龙在当阳桥前长阪坡杀得七进七出的故事?

《三国演义》讲述的故事，前后延续达二百年之久。东汉末年，军阀割据，无论是朝廷册封的正式的各个州郡的太守刺史，还是一些势力庞大的地方地主，逐渐脱离软弱的中央政权，互相自保，互相征战。张角的黄巾起义更是沉重地打击了中央政权，使得地方各派势力在剿灭起义军的斗争中更加壮大。后来董卓专权，独断中央，引起十八路诸侯讨伐董卓，但是由于各怀心计，结果未能成功。司徒王允设连环计策，借吕布之手杀掉董卓，但是并没有平定天下混乱。诸侯中曹操依托兖州、青州地方练兵，日益壮大，官渡一战败袁绍，寿春一战败袁术，雄踞黄河以北。孙权继承父兄基业，坐镇江东，拥有六郡八十一州，有长江作为天然屏障，偏安一隅。而汉朝宗亲刘备，却是穷困潦倒，依托公孙瓒，投靠曹操，寄居陶谦，叨扰刘表，从来没有自己稳定的根据地。后来他三顾茅庐，请诸葛亮出山辅佐，诸葛亮劝他联合孙权，占据荆州，然后西图西川、汉中，最后北上收服曹操，这就是著名的“隆中对”。刘备采纳诸葛亮的意见，派他出使东吴。诸葛亮在东吴舌战群儒，赢得孙权的支持，赤壁一战大败南下的曹操，奠定了刘备在荆州的地位。之后兵分两路进取西川、汉中，使刘备有了自己的地盘，可以安心称帝。可是这时由于镇守荆州的关羽大意，破坏了与东吴的关系，不但丢掉荆州，自己也战死沙场。刘备为了报仇，兵发东吴，在猇亭被陆逊火烧七百里连营，大败而归，自己也羞愧至死。这之后，西蜀势力大减，尽管有诸葛亮一力撑持，但也是独木难支。诸葛亮在七擒孟获、平定南方叛乱之后，不久又挥师北伐，但是由于魏国国力昌盛，六出祁山而不得，他自己也郁郁而死。之后姜维继承诸葛亮遗志，但是已经是没有成功的希望了。魏国国力日益强大，最后终于灭了蜀国。随后王浚楼船顺长江而下，抢夺天险，征服了东吴，三国终归于晋。

“纷纷世事无穷尽，天数茫茫不可逃。鼎足三分已成梦，后人凭吊空牢骚。”二百年的历史被罗贯中写在几十万字里面，有详有略，生动自然，体现出作者广阔的视野与大气的手笔。

三国英雄谱

罗贯中着意塑造的英雄人物中，刘备是第一位的。刘备的形象是一位仁慈的君主，败走新野之际，两县百姓跟随他背井离乡、弃城而走。前有滚滚的江河挡住去路，后有曹操十万追兵将至。刘备带着这些百姓，日行不过几十里，谋士劝他放弃民众，他说：“举大事者，必以人为本。今人归我，奈何弃之？”让人去告诉逃难的百姓，如果不愿走的，可以留下归顺曹操。两县百姓高声答道：“我等虽死，愿随刘使君！”于是扶老携幼，就着几只小船，“滚滚渡河”。恐惧、混乱、嘈杂使无数人呼儿唤女，“两岸哭声不绝”。刘备说这些百姓都是为了自己而遭受这些危难，自己还有何面目活在世上？于是要跳河，被手下人拦住。这一段侧面加正面的描写最能够体现刘备作为一个以仁政闻名的君王形象。

书中对诸葛亮的描写也是相当成功的。他的聪明睿智表现在他虽在隆中高卧却自比管乐，未出茅庐而知天下三分，其余“火烧博望”“火烧新野”“舌战群儒”“草船借箭”“借东风”“三气周瑜”“七擒孟获”“六出祁山”，甚至在死后还能够吓走司马懿，通过这些情节把诸葛亮超凡的才华生动地描绘了出来。诸葛亮不但有着过人的智慧，他还有着古代知识分子摆脱不了的忠君思想。

他当年躬耕于南阳，受了刘备三顾茅庐之谊，“由是感激”“遂许先帝以驱驰”。后来他在蜀汉“事必亲躬”，完全以刘备的意志行事。刘备为替关羽报仇，不听诸葛亮劝阻，发起倾国之兵七十五万，远征东吴。结果连营七百余里被陆逊一把火烧掉，败走白帝城，崩驾永安宫。临终把诸葛亮叫到床前说：“世子可辅则辅，不可辅，汝可为西川之主”，当时把纶巾羽扇、风神飘举的诸葛亮吓得汗流浃背，发下毒誓说自己绝对不敢有非臣之念，一定记住托孤言词，辅佐好世子刘禅。“受命以来，宿夜忧叹”，唯恐误了刘备的期望。尽管他知道阿斗是一个扶不起来的昏君，但是仍然鞠躬尽瘁，死而后已。五月渡卢，六出祁山，明知不可为而为之，已经不是一个智者的风范了。诸葛亮这种矛盾人格的体现是与千百年来的知识分子的文化传统有关的，孔儒文化对知识分子的渗透，使所有的知识分子在重视自身才艺培养的同时，也必须培养自己的忠君思想，这是德行和气节的一种最重要的表现。

如果说诸葛亮身上体现出传统的忠君思想的话，那么关羽更是忠肝义胆的最佳化身。关羽自从和刘备桃园结义以后，时时刻刻没有忘记那句“不求同年同月同日生、只求同年同月同日死”的誓言，可以说他对于刘备的忠诚已经融化在兄弟情意的理念之中了。关羽曾经在弹尽粮绝的时候被曹操抓获，但是他在投降曹操之前还要和张辽约好三个誓愿，最重要的就是一旦得知刘备的去向，自当辞别曹操，前去投靠。曹操为了收服关羽，待关羽如上宾，所谓“三日一小宴、五日一大宴，上马一提金、下马一提银”，讲的就是这一段故事。但是关羽对于曹操给予他的金银财宝一概视为无物，唯独欣赏曹操给他的“赤兔马”，因为他听说这匹马可以日行千里，一旦知道刘备的下落，当即可以跨上战马去与刘备相会了。关羽忠诚信义的形象跃然纸上。

相对于刘备手下的人物来说，罗贯中对曹操和孙权的描写，显然带了许多主观贬抑的倾向。曹操被描绘成一个“宁可我负天下人，不可天下人负我”的奸诈形象。他生性多疑，而且为人心狠手辣。初始他落难，官府行文到处捉拿，他和陈宫逃到吕伯奢家中，吕伯奢一家人杀猪打酒接待，他却因为疑心吕家人要阴谋害他，结果杀掉吕家一门老小而去。后来他患头疼疾病，找来神医华佗医治，华佗说要开颅动手术，结果曹操勃然大怒，以为华佗是刘备的奸细，予以杀害。通过这些细节的描写就把曹操的这一形象表达出来了。对于孙权的描写稍微公正一些，但是作者一边借曹操的口称赞孙权是“生子当如孙仲谋”的英雄，一边又屡次通过关羽之口骂孙权是“碧眼小儿、紫髯鼠辈”。虽然是出于关羽的狂妄无知，但是考虑到作者对关羽的推崇，这一点是不难理解的。这里只能理解为作者自己的观点。

英雄之二——草泽豪俊

帝王将相的英雄观念后来逐渐平民化，这在施耐庵的小说《水浒传》里有所体现。

《水浒传》是一部描写北宋末年农民起义的长篇小说，这一点注定了小说写作对象的平民化。从语言上来说也是如此，《水浒传》上所用的语言，已经脱离了《三国演义》里的半文言传统，最典型的就是把“说话”由“玄德曰”“孔明曰”改为“宋江道”“武松道”，这是一个非常有意义的发展变化。小说这种文化艺术形式，从根本上来说，首先是供一般文化程度的读者所阅读的。

《水浒传》在叙事顺序上并没有比《三国演义》更加成熟，甚至可以说叙事顺序反倒退后了一步。《水浒传》

水浒人物林冲

基本上采取了单线叙事方式来安排故事情节的发展。先是洪太尉误放妖魔，为一百单八将的出现奠定了基础，然后由高俅发迹引出王进出走，在华阴遇到史进，水浒人物开始登场。史进引出鲁智深，鲁智深引出林冲，林冲引出杨志，杨志引出晁盖、吴用、刘唐、阮氏三兄弟等人，接着引出宋江，宋江引出武松，武松再引出宋江，宋江引出花荣等人，然后又在江州引出李逵等人。待到梁山好汉闹江州劫法场之后，《水浒传》最精彩的部分可以说已经写完了，虽然以后仍然有杨雄杀妻、时迁偷鸡、解珍解宝闹登州等等许多精彩篇目，但是已经有一些拼凑的痕迹。

在主要人物的描写方面，施耐庵无疑做得非常成功。比如写鲁智深的鲁莽，安排在潘家酒楼上听歌女诉说冤情，鲁智深当时就要去打镇关西，最后终于在第二天三拳把镇关西打死了，后来做了和尚，还是不改旧日禀性，几天素食，就说“口里淡出个鸟来”，思量着喝酒吃肉；林冲的性格就比鲁智深的直率显得优柔一些，自己的娘子被人欺负，因为对方是自己上司的儿子，就不敢发作，后来被逼无奈，走投无路才在风雪夜里山神庙前杀掉仇人，上了梁山落草为寇，这个形象是最真实的；杨志的遭遇也是可以理解的，早先押送花石纲在黄河里翻船，逃到江湖上，一旦听说朝廷大赦，就赶到东京，想再次“谋个前途”，可惜被当权者陷害，几天没有钱使，在街头卖刀，正在窝火，却有流氓来挑衅，这时候没有谁会再有理智了。杀掉牛二，刺配大名，得梁中书赏识，派他押送生辰纲。杨志一路上小心谨慎，处处在意，可惜还是中了吴用等人的计策，丢了生辰纲，万念俱灰，上二龙山落草；宋江最讲究江湖义气，身为朝廷官吏，给案犯通风报信，因此遭到连累，逃走在江湖上，最后还是落了一个发配江州的下场。在江州醉题反诗，犯下死罪，幸好被梁山好汉救走，无可奈何之际只能够放弃做良民的打算，当了山寨头领；武松的形象也很丰满，景阳冈上打老虎，阳谷县里做都头，都是一个知规矩识礼节的君子，但是由于替兄长报仇，法制的手段走不通时，就采取了过激的手段，杀了人，刺配到孟州，打了蒋门神，后来被张都监招进府里，做了一个护院的家将，他又成为一个规规矩矩的人。但是后来受到陷害，这使得他的性格大变，变得粗暴乖戾，杀人无数，动不动就想攻击别人，最后在二龙山落草。另

水浒人物李逵

外，在描写一些非主要人物时，虽然只有寥寥的几笔，也都是写得栩栩如生。

书中对英雄人物的描写，一个最成功的地方，就是没有把任何一个英雄绝对美化，在写他们光明正大的同时，也写出了他们的阴暗一面。英雄也是人，不是神仙，不是圣人，所以就不可避免会有一些人类共有的自私心理。比如写李忠、周通二人的吝啬；晁盖为了自己村庄的平安，去明火抢夺西溪村的镇妖宝塔；戴宗管牢城营，向犯人索要钱财；时迁为饱口福，偷别人的鸡吃；蔡福、蔡庆见钱眼开等等。就是宋江，也为了引诱秦明落草为寇不惜牺牲秦明的一家老小，最后还说“不如此，怎能够使统制断绝牵挂”。

上天入地的浪漫期望

文学中的浪漫主义，到了明朝，集中体现在一部神魔小说《西游记》里面。

说到《西游记》，首先要谈论的是作者。《西游记》的作者是不是吴承恩，在当前西游研究中这是一个争论日趋激烈的问题。百回本《西游记》的作者是谁，问世时即为悬案，清代研究者曾托名给丘处机，也已被证明为伪说。直到小说作者研究成为正式学术课题，胡适、鲁迅两位拓荒者，依据前人思路与吴承恩生平资料，始推定吴承恩为《西游记》作者。在他们看来，首先，可以证明百回本西游产生在嘉靖至万历初年——作者时间条件；其次，西游小说含有大量淮安方言及一些淮土民间传说——作者语言条件；再次，淮安文献中仅有吴承恩写过性质不明的《西游记》——记载条件。加上吴承恩本人“性敏多慧，复善谐谑”，与西游诙谐幽默的风格正合拍；最后，吴承恩的某些生活经验与小说情节细节有一致性。正是依据这些，胡鲁二人断了一桩三百年悬案，后来文学史及出版物均接受二人的论断。

一般来说，比较流行的《西游记》都是百回本，这种版本可以追溯到金陵世德堂本，这是今见百回本《西游记》最早的刻本。然而今存者已非全璧，其中第七十六至八十回，九十一至一百回共残缺十五回，另外，第十四回、第四十三回、第四十四回、第六十五回、第八十七回亦有残缺处。今所见者，缺处皆用别本补入。第七十六至八十回系用“书林熊云滨重锲”本补，第九十一至一百回则用“金陵荣寿堂梓行”本补。

《西游记》以小说的笔法描写了明代一些社会现状。比如为什么妖魔都想吃唐僧肉而神仙却不想吃？这反映了当时中国社会的分配制度；为什么二郎神神通广大却不让他驻守在天宫？因为他是外戚，尤在防范之首；为什么孙悟空逃出八卦炉再次闹天宫时，玉帝宁可自低身份去请西天佛祖，而不再去找二郎神？乃防其功高盖主；为什么孙悟空有紧箍咒约束，而唐僧使用紧箍咒却没有任何约束，用错了也不用承担任何责任？说明中国封建制度的不民主。

唐僧师徒一路艰难到达西天，如来褒奖一番，让去阿难、伽叶处取经卷，谁知二人竟伸手向唐僧索要“人事”，唐僧说“来路迢遥，不曾备得”，二人阴笑一阵，便以无字经冒充。唐僧师徒全然不知，捆起一堆白纸便放马还家，如果不是有位燃灯古佛热心，唐僧师徒这趟取经兴许就白跑了一趟。悟空脾气暴躁，在如来面前告发，如来笑道：“他两个问你要‘人事’之情，我已知矣。但只是经不可轻传，亦不可空取。”一脸的纵容。唐僧无可奈何，只得将化斋的紫金盂——唯一珍贵的东西，也就是他老人家的饭碗拿出送上。西天灵山，佛祖眼皮底下，居然有这等大胆贪墨；万里取经，何等庄重，竟容如此亵渎，真是不可思议。但如果看看明代官场制度，也就不奇怪了。

根据现有的资料可以断定，吴承恩是在朱鼎臣《释厄传》的基础上改写西游成为百回本的，前者不仅已有十几万字，而且有了包括唐僧传在内的西游整体框架。但吴承恩的创作可以说是海纳百川，除朱鼎臣的版本外，其他小说如《封神演义》中的赞词、《西洋记》中一些与西游源同而形异的故事说法等均汇入百回本，这也说明了吴是在写小说。百回本中确实存在朱本没有的浓厚的五行学说及金丹修炼等思想，有时甚至变相渗入到故事结构中去，比如降伏兕魔王，在朱本中不足三百字，仅悟空偷听魔王自语“不怕天兵只怕老君”，然后请到老君就完结了。百回本添出了哪吒（木）、火神、水伯、罗汉（金丹砂为土）加悟空（金）先后向魔王开战，形成五行轮转炼魔的情节“结构”，此中很难说作者没有想法寓意，但是事实是他一动起笔来，悟空的惯偷、哪吒众神们的各动心机保存实力、如来佛的留一手不惹强敌等等世俗的“谐谑”就充满了篇幅，也吸引住读者。没有这些，小说也就失去了活力。为了增加故事的宗教功法气氛，作者还特意在本故事前抄来了一首全真大师马钰的《南柯子》词：“性烛须挑剔，曹溪任吸呼，勿令猿马气声粗”，作为先声夺人的说明。但是在写作中写出“猿马”孙悟空凭着“气声粗”呵斥罗汉、斥责如来，方才找到主人公收牛精。“结构”在情节人物中淡化，诗词与故事发生冲突，充分说明吴承恩写作时虽有想法，却是按照文学的创作规律进行写作的，而不是按照这些诗词韵文的统领展开的。

《西游记》是小说，而不是有些文学评论家认为的道书。之所以有人认为是道书，从某种意义上说是因为吴承恩从民间宗教故事中吸收发展的结果。吴承恩是一位从小就对神话小说感兴趣的人物，但他晚年步入仕途前一直只做收集材料的工作，没有着手创作白话小说的准备。晚年做了一任县丞结果受到诬陷，造成心中郁闷，有很多感触想要抒发出来，此时又恰好见到《封神演义》这一写作样板，于是他就在朱本《释厄传》的基础上创作完成了百回本。当他写作时，目的之一是写一本表明拔贡身份才华的“献书”，但是他的才华又只能在白话小说、在“谐谑”上施展，吸收民间宗教传说而来的五行思想等既未能形成真正的理论体系，更不可能掩盖住小说本身的光辉。写完了得意的作品，只能向远人比如乡亲等炫耀，却不能告诉官场上的朋友，因为他们对此不屑一顾……矛盾充斥着吴承恩的晚年生活，淹没了一代文豪的声名。

一本不合格的“献书”却是天才的小说，走献书的门路来到世上，却没有受到座主王爷的激赏，辗转流传，却在后世千百万读者的心目中找到了地位。

对《西游记》的续补

为名著续书是中国一大文化传统。《西游记》与其他中国古典名著一样，也有许多续作。其中比较有名的有《续西游记》《西游补》《后西游记》等，清末又有《也是西游记》《西游新记》等。以上这些续书，从整体上看，其思想性与艺术性均不及原著，然各有特色，每种续书均有一些精彩的章节，所以还是有一定的可读性。

《续西游记》是《西游记》的一部续书，作者已无法查考。其内容是写唐僧师徒第一次取经见如来佛后，在漫长的返回东土道路中发生的故事。主人公仍为唐僧与孙悟空、猪八戒、沙和尚。原书所叙妖魔大多以要吃唐僧肉为目的，给唐僧造成八十一难，本书之妖魔则是要抢夺经卷，因为经卷能消灾去病，增福延寿。唐僧师徒东回时，如来佛因悟空等来时降妖灭怪，杀伤生灵，违背佛规，提出东回途中应以诚心化魔，经棒不可同行，强行收缴他们的武器。孙悟空很不满意，一气之下说出八十八种机心，于是，便在归途中遇上了八十八种魔难。因孙悟空等没有了兵器，无法战胜妖魔，如来佛又另派优婆塞灵虚子和比丘僧沿途护送，并赐他们二人菩提珠八十八颗和木鱼梆子一个，让其在途中净心驱魅。小说情节曲折，魔难丛生，引人入胜。此书虽流传甚少，但有一定的艺术价值，值得一读。

《西游补》十六回，明末董说著。董说（1620~1686），字若雨，明亡后更名南潜，号月函，浙江乌程人。此书作于明亡之前，时年约二十一岁。书中故事从《西游记》的“三调芭蕉扇”之后切入，而又自成创作的结构，是一部具有独特的思想性和艺术性的神魔小说。名曰《西游补》，实为西游记之一小插曲，用浪漫主义手法，突破时空局限，纵横驰骋，已远离了取经主题。鲁迅在《中国小说史略》中说此书主旨“实于讥弹明季世风之意多”，而“其造事遣辞，则丰赡多姿，恍忽善幻，奇突之处，实足惊人，间似俳谐，亦常俊绝，殊非同时作手所敢望也”。

书的故事梗概如下：唐僧师徒四人过火焰山之后，孙悟空化斋时被鲭鱼精所迷，渐入梦境，在虚幻的世界中，撞入了这个自称为小月王的妖怪所幻造的“青青世界”。为了找寻师父唐僧的下落，往返奔走，上下探索，却跌到了“万镜楼台”；从而他通过这楼台上的镜子，进入“古人世界”，后来又进入“未来世界”。见到了古今之事，化为虞美人，与楚霸王周旋，想探明秦始皇的住处；忽又当了阎罗王，坐堂把秦桧审判、行刑，并拜岳飞为第三个师父。最后在虚空主人的呼唤下始醒悟过来。作者借孙悟空等形象和幻象情节，抒发了自己的思想感情，批判当时的腐败政治。第九回中生动地描写了孙悟空在未来世界中拷审秦桧一节，反映作者对变节投降的官僚的深恶痛绝。

《后西游记》的故事比较简单：因为唐僧师徒原先所取真经无真解，被愚僧胡乱解释，哄骗百姓。故由该书主要人物小行者、猪一戒、小沙弥保护唐半偈重赶灵山，求取真解。这些小字辈为解决前辈取经不求解的缺憾，费时五年，行程十万八千里，途中经过了不满山、解脱山、十恶山、截腰坑、阴阳二气山等处，克服重重魔难，实现了他们的目的。全书主要人物出身和全书结构与吴所著《西游记》大致相似，亦有花果山、闹天宫等情节，且前后对应，不乏新的艺术创造，然远逊原著。

四、再现生活——舞台杂剧的生存状态

转喉押调度新声

明代戏曲包括传奇戏曲和杂剧，分别在宋元南戏和金元杂剧的基础上发展衍化而来，作为两种不同的戏曲艺术形式，它们各自走着不同的发展道路。传奇戏曲的前身是南戏，即南曲戏文，产生在浙东温州一带。“传奇”一名，由来已久，唐时称小说为传奇，宋时有人称平话、诸宫调为传奇，元时有人称杂剧为传奇。至明代，传奇成为南戏的专称，并且成为明代的主要戏曲形式。

明代传奇的发展大致可分为两个时期，即正德以前和嘉靖以后。元末明初五大传奇的出现是杂剧时代向传奇时代转变的标志。五大传奇指《琵琶记》《荆钗记》《白兔记》《拜月亭》《杀狗记》。其中《白兔记》《拜月亭》和《杀狗记》三种反映了民间通俗、质朴的本色，《琵琶记》《荆钗记》二种则出现了典雅化的苗头。据现有文献，能确切地判断明初洪武到永乐年间（1368～1424）的传奇作品极少，或认为《白蛇记》《芦花记》和《沉香亭》等是明初之作，但也有不同看法。现有文献一般都记载成化、弘治年间（1465～1505）传奇作品较大量地产生，比较著名的有姚茂良的《精忠记》、王济的《连环记》和沈采的《千金记》等。《精忠记》写岳飞抗金的故事，曲词质朴，情节动人；《连环记》写王允巧施美人计，将歌伎貂蝉先许吕布为妻，又献给董卓为妾，关目情节大体据《三国志演义》，前人评它“词多佳句”；《千金记》写韩信的故事：微时受辱，后在汉拜将灭楚，最后封王。剧中写韩信封王后，刘邦赐他千金荣归故里，他将千金转赠给漂母以报德，所以题名《千金记》。剧中有关项羽的戏为后来《霸王别姬》之滥觞。曲词本色，只是关目芜杂，同当时封建统治阶级大力提倡封建道德有关。这时出现了狂热地教忠教孝的作品，例如《五伦全备忠孝记》就是以戏载道的典型。王世贞评论说：“《五伦全备》是文庄元老大儒之作，不免腐烂。”而邵灿所作《香囊记》明确宣称自己的创作是在于发明经义，为了教忠教孝。文辞上则追求骈俪，是明代传奇中骈俪派的始作俑者。

明代传奇创作大盛是嘉靖以后出现的。明王朝从开国经过一百多年休养生息之后，社会经济呈现了繁荣局面，但封建统治阶级骄奢淫逸，腐化堕落，激化了社会矛盾。与这一新的经济、政治环境相适应，嘉靖时期（1522～1566）剧坛发生较大的变化，有些传奇作品突破了忠孝观念的束缚，直接将现实生活中政治斗争的题材搬上舞台，产生了巨大的反响。这一时期出现了三部重要传奇：《宝剑记》《鸣凤记》和《浣纱记》。《宝剑记》的作者李开先，曾因受严嵩同党的倾轧而被罢职闲居，因此写剧作“特借以诋严嵩父子耳”。剧本写林冲被逼上梁山的故事，但作者有意加以改造，将林冲塑造成为一位勇于同高俅、童贯斗争的英雄，以此表现作者对于黑暗统治的不满和抗议；《鸣凤记》传为王世贞所作，或说是王的门人所作，剧本描写杨继盛等人与权臣严嵩的斗争，直接以时事入剧，具有更为深刻的社会意义；梁辰鱼的《浣纱记》写吴越兴亡故事，最后以范蠡在灭吴后归隐作结束，寄意深远。在《鸣凤记》以后，产生了大量反映当时重大的政治事件的作品，虽然有的在艺术上比较粗糙，但表现出了强烈的批判现实的精神，这是明后期传奇创作中的一大特点。

嘉靖至万历年间，传奇作品大量产生，在形式上也更加丰富多样，有所发展，最突出的就是唱腔的变化及昆腔的兴盛。

传奇戏曲的前身南戏流行于江南各省，唱腔因地域不同而不同。著名的明末艺术家徐渭说：“今唱家称弋阳腔，则出于江西，两京、湖南、闽、广用之；称余姚腔者，出于会稽，常、润、池、太、扬、徐用之；称海盐腔者，嘉、湖、温、台用之。唯昆山腔止行于吴中。”并说：“（昆腔）流丽悠远，出乎三腔之上，听之最足荡人。”嘉靖初年，魏良辅改造昆腔，“转喉押调，度为新声”，自此，“吴人重南曲，皆祖昆山魏良辅，而北词几废”。嘉靖以后，流传愈广，明代剧坛便形成了以昆腔为主的局面。梁辰鱼的《浣纱记》就是用昆腔写作传奇剧本的代表作，体现了传奇体制上的重大改革。昆腔之有《浣纱记》，就如南戏之有《琵琶记》，是划时代的作品。这个时期比较著名的作品还有高濂的《玉簪记》、周朝俊的《红梅记》、孙钟龄的《东郭记》、张四维的《双烈记》、孙柚的《琴心记》、朱鼎的《玉镜台记》、徐复祚的《红梨记》等。

“奇绝文字”合南北

明代杂剧的发展情况也大致可分为前后两个时期。前期自洪武至正德（1368～1521），上承元杂剧余绪，产生了不少作品，但其思想内容和艺术成就不仅远逊元杂剧，而且出现了大量宣扬封建道德的倾向，明初藩王朱权的作品是这种倾向的代表。他的作品保存下来的不多，有《诚斋乐府》收三十一种杂剧，研究者认为它们音律谐美，堪称当行，且有才气。但就其内容来说，或是荒诞迷信的

“度脱剧”，如《东华仙三度十长生》；或是宣扬封建道德的“节义剧”，如《清河县继母大贤》；还有的是点缀升平的“庆贺剧”，如《洛阳风月牡丹仙》。但他所写的水浒戏如《黑旋风仗义疏财》和《豹子和尚自还俗》，却在一定程度上表现了李逵和鲁智深的英雄本色，不过也有歪曲之处，甚至还出现对梁山英雄们的诬蔑。这一时期刘兑、贾仲明和杨讷的个别作品也有一些特色，其中刘兑的《娇红记》写申生和娇娘的爱情故事，较能动人；贾仲明的《萧淑兰》写女主角追求爱情时的大胆热情，颇有特色；杨讷的《西游记》对后来吴承恩的小说《西游记》有明显的影响。在明景泰年以后的三十多年中，杂剧创作趋于寂寥，稍后出现的较有名的杂剧作者有王九思、康海和陈沂等。康海的《中山狼》是寓言剧，通过对狼的揭露，骂尽世上一切负国、负友之徒；王九思的《杜甫游春》是抒情剧，主要是吐露作者自己的不平之气；陈沂的杂剧《善知识苦海回头》，写宋代胡仲渊被人谮害贬谪雷州，最后出家修成正果的故事。剧中颇多愤慨之语，宗教说教较多，颇带消极情绪。元代以来，杂剧本用北曲，但是嘉靖以后，却出现了南曲杂剧，这是杂剧创作出现的一些新特点。沈德符在《顾曲杂言》中说：“嘉、隆间，度曲知音者有松江何元朗，蓄家僮习唱，一时优人俱避舍。以所唱俱北词，尚得金、元遗风。余幼时犹见老乐工二三人，其歌僮也，俱善弦索，今绝响矣……近日沈吏部所订

《南九宫谱》盛行，而《北九宫谱》反无人问，亦无人知矣。”并说：“今南腔北曲，瓦缶乱鸣，此名‘北南’，非北曲也。只如时所争尚者《望蒲东》一套，其引子，望字北音作旺，叶字北音作夜，急字北音作纪，叠字北音作爹，今之学者颇能谈之。但一启口，便成南腔……奈何强名曰北？”可见，北曲至万历年间已成绝响，而杂剧在音律上已出现南北混合的现象。明代杂剧的蜕变，使得纯粹的杂剧北曲变为由南曲写成的或者是南北合套的南杂剧。这时候的杂剧在形式上也逐渐摆脱元杂剧的规范束缚，折数可多至五折以上，也可以只有一折，有的剧虽然保留四折形式，实际上却是分写四个故事。这一形式变革，促使大量的短剧出现。此类短剧多数不太讲究戏剧冲突，不宜在剧场搬演，而成为一种抒情小品。

这一时期比较著名的作品有：杨慎的《太和记》，李开先的《园林午梦》，汪道昆的《五湖游》《远山戏》《洛水悲》，徐渭的《四声猿》，梁辰鱼的《红线女》《红绡》，王衡的《郁轮袍》《真傀儡》，许潮的《兰亭会》《赤壁游》，徐复祚的《一文钱》，陈与郊的《昭君出塞》《文姬入塞》，叶宪祖的《骂座记》等。徐渭的《四声猿》包括《狂鼓吏》《玉禅师》《雌木兰》和《女状元》四个短剧，除《玉禅师》外，其他三个作品都洋溢着狂傲的反抗精神。明人对它们的评价有分歧，王骥德以徐渭的学生身份称赞《四声猿》是“天地间一种奇绝文字”，沈德符却说“……然以词家三尺律之，犹河、汉也”，这两种批评都有过分之处。徐复祚是江苏常熟人，著有传奇三种，他的《一文钱》杂剧共六折，刻画守财奴卢至的悭吝性格相当深刻。王衡是江苏太仓人，共写杂剧五种，其中《真傀儡》一剧写杜衍致仕之后，观傀儡戏于市井间，受人凌辱而无忤，后来被宣召，竟假傀儡衣冠受命，描绘世态，讽刺朝廷，真是入木三分。

舞台背后的执笔者

明代戏曲作家数量很多，比较著名的除上文提到的之外，还有以下几位：

郑国轩，自署浙郡逸士。生平事迹不可考。作有传奇《牡丹记》《刘汉卿白蛇记》。《刘汉卿白蛇记》被后人改编成《鸾钗记》传奇，在昆曲中有折子戏流存。王麦，字剑池，浙江钱塘人。生平事迹不可考。作有《春芜记》《双缘记》传奇，并将南戏《教子寻亲》《破窑记》分别改编成《寻亲记》《彩楼记》，这两种在昆曲中皆有折子戏流存。谢弘仪，一名国，字简之，号寤云，浙江会稽人。生卒年不详。以中丞出镇粤东。作有《蝴蝶梦》传奇，在昆曲中尚有折子戏流存。禹航更生子，又作禹航更生氏，疑即庾庚，字生子，浙江杭州人。作有《双

汤显祖画像

红记》，在昆曲中有《摄盒》《谒见》《猜谜》《击犬》《盗绡》《青门》等折子戏流存。吴炳（1595～1647），又名寿元，字可先，石渠，号粲花主人，江苏宜兴人。出身世宦之家，自幼聪慧好学，十二三岁时，便能填词曲，“《一种情》传奇，乃其幼年作”。作有传奇《绿牡丹》《画中人》《西园记》《情邮记》，合称《粲花斋五种曲》或《粲花别墅五种曲》。昆曲折子戏《题曲》即出自吴炳之手，《西园记》经整理改编后，成为昆曲的新编剧目。袁于令（1592～1670），原名晋，后改名于令，字令昭、韫玉，号凫公、箨庵、白宾等，江苏吴县人。明末膺岁贡士，入国子监读书。清兵入关后即降清。一生交游甚广，曾从叶宪祖学曲，与冯梦龙、祁彪佳、沈自晋、卓人月、吴伟业、洪昇、李玉等戏曲家交往甚密。作有传奇九种，合称《剑啸阁传奇》，杂剧《双莺传》，今存。其中《西楼记》在昆曲中有折子戏流存。姚子翼，字襄侯，号仁山，浙江秀水人。生平事迹不详。作有《祥麟现》《遍地锦》《上林春》《白玉堂》四种传奇，今存前三种。其中《祥麟现》在昆曲中尚有《观阵》《探营》《破阵》《产子》等折子戏上演。

最著名的明代戏曲作家当然应该是汤显祖了。汤显祖（1550～1616），字义仍，号海若，又号若士，别署清远道人，临川人。明代戏曲作家。所居名玉茗堂。出身于书香门第，早有才名，十二岁时诗作即已显出才华。三十四岁中进士，先后任南京太常寺博士、詹事府主簿和礼部祠祭司主事。因作著名的《论辅臣科臣疏》批评神宗朱翊钧

万历皇帝金冠

即位后的朝政，抨击执政宰相的专横与任用私人，被贬广东徐闻任典史。后调任浙江遂昌知县，又以不附权贵而被免官，从此隐居家中，专事写作。

汤显祖一生蔑视封建权贵，早年参加进士考试，因拒绝宰相张居正的拉拢而落选。中进士后，拒绝与执掌朝政的张四维、申时行合作。晚年淡泊守志，不与郡县官周旋。这种性格使他同讲究厉行气节、抨击当时腐败政治的东林党人顾宪成、邹元标等交往密切。他关心民生疾苦，在任浙江遂昌知县期间颇多善政：抑制豪强，打击恶势力；放囚犯回家过春节，出狱看花灯；五年没有拘捕过一名妇女和打死过一名犯人。汤显祖政治上的开明是由于他思想上的进步，他的老师是左派王学的进步思想家，对他有较大影响。他很崇拜被封建正统派视为洪水猛兽的李贽，与有名的以禅宗来反对程朱理学的达观禅师交往密切，尊他们为一“雄”一“杰”，认为“寻其吐属，如获美剑”。李贽和达观禅师的思想在很大程度上构成了汤显祖在创作中表现出来的反抗和蔑视权贵、揭露腐败政治和要求个性解放的思想基础。

汤显祖的作品较多，流传下来的有传奇《紫箫记》《紫钗记》《还魂记》（《牡丹亭》）、《邯郸记》《南柯记》（后四种合称《临川四梦》或《玉茗堂四梦》），诗集有《红泉逸草》《问棘邮草》和诗文集《玉茗堂全集》。明传奇是对明代南戏的称呼。在当时，传奇创作方面出现了两大流派：一是以汤显祖为领袖的“临川派”，注重文采，忽视韵律；一是以沈璟为代表的“吴江派”，注重音律，忽视文采。风格各异，成就不同。汤显祖的代表作《牡丹亭》是我国戏曲史上浪漫主义的杰作，共五十五出。《牡丹亭》（又名《还魂记》《还魂梦》《牡丹亭梦》）是剧作家在话本《杜丽娘慕色还魂记》的基础上创作而成的，它鲜明地体现了反礼教、反理学的进步倾向，在“情”与“理”的冲突中成功地塑造了具有叛逆色彩的杜丽娘形象。杜丽娘的一生经历了四个阶段、三种境界，即从现实到梦幻，到幽冥，再回到现实，基本上是由生而死，又由死而生。

五、挥毫之间的典雅

书道之传承

书法史家认为，自北宋以来，特别是苏轼、黄庭坚、米芾等代表宋代书法艺术最高成就的艺术大家出现以后，标志着中国书法在彻底脱离原来“附丽”于汉文字演变的重要艺术依借后，将在传统书法的基础上化陈为新，演变出个性鲜明，由个性群体集中反映时代特色的艺术新风。

在晋、唐时代，尤其在魏晋时，对人物价值的认识曾导致“文人的自觉”，并出现了许多伟大的艺术家，创造了书法艺术的百代楷模。尽管如此，由于书法艺术在中国各门类艺术中早熟，书法艺术的意识成熟必然落后于艺术创作实践的成熟。而且，魏晋时代还在完成着隶到楷的过渡、形成阶段。即便是唐代，也还有完善、规范楷体的任务。至五代、宋之前，伴随着汉文字演变、发展的终结，不仅各书体俱已齐备，还表现出异常的成熟和风格的丰富性。随之而来的问题是，失去了文字演变的依借后，书法艺术该怎样获得生命力而继续发展呢？宋代的苏、黄、米等人的艺术实践就开辟了这条艺术之路，并取得了极大的成功。因此，可以认为唐末五代到宋初，是中国书法史上划时代的分界，宋代是继魏晋以后书法艺术的第二次自觉和再认识。它所产生的影响和作用，不仅元、明是延续的发展阶段，即便是清代中期以后产生的碑学书法，为扩大艺术视野效法自三代鼎彝文字，而至魏碑、摩崖、造像书法，仍是为推陈出新；长期效法晋、唐法帖而出现的颓势，其本质也没有根本的不同。

有明一代近三个世纪中，诸皇帝都很喜欢书法，这成为明代书法艺术幸与不幸的一大因素。明成祖定都北京以后，即着手文治，诏求四方善书之士，充实宫廷，缮写诏令文书等。仁宗、宣宗也极爱书法，尤其喜摹“兰亭”。神宗自幼工书，不离王献之的《鸭头丸帖》、虞世南临写的《乐毅传》和米芾的《文赋》。所以，朝野士大夫重视帖学，皆喜欢姿态雅丽的楷书、行书，几乎完全继承了赵孟頫的格调。论者以为：“国初诸公尽有善书者，但非书家耳。”所谓的“书家”主要指以书法为职业的人，其次指其书法形成的一套固定的模式和体格者。因为明初诸书法爱好者喜临古代的帖子，没有独创性的风格，所以论者认为“非书家耳”。

明代像宋代一样也是帖学大盛的一代，法帖传刻十分活跃，著名的有常姓翻刻的《淳化阁帖》、于泉州刻的《泉州帖》、董其昌刻的《戏鸿堂帖》、文征明刻的《停云馆帖》、华东沙刻的《真赏斋帖》、陈眉公刻苏东坡《晚香堂帖》等。其中《真赏斋帖》格调浑厚清新，可谓明代法帖的代表；《停云馆帖》收有从晋至明历代名家的墨宝，可谓从帖之大成。

由于士大夫的清玩风气和帖学的盛行影响了书法创作，所以整个明代书体以行楷居多，篆、隶、八分及魏体作品几乎绝迹，而楷书皆以纤巧秀丽为美。永乐至正统年间（1403～1449），杨士奇、杨荣和杨溥先后入翰林院和文渊阁，写了大量的制诰碑版，以姿媚匀整为工，号称“博大昌明之体”，即“台阁体”。士子为求干禄也竞相摹习，横平竖直十分拘谨，缺乏生气，使书法失去了艺术情趣和个人风格。明代近三百年间，虽然也出现了一些有造诣的大家，但纵观整朝，没有重大的突破和创新。所以，近代丁文隽在《书法精论》中总结说：“有明一代，操觚谈艺者，率皆剽窃摹拟，无何创制。”

明朝书法的发展表现为三个阶段：第一阶段，明初书法陷于“台阁体”泥淖。虽然擅行草书的刘基、工小楷的宋濂、精篆隶的宋璲和名满天下的章草名家宋克、宋广表现不俗，但沈度、沈粲兄弟却推波助澜将工稳的小楷推向极致，“凡金版玉册，用之朝廷，藏秘府，颁属国，必命之书”，二沈书法被推为科举楷则。于是书坛“一字万同”，“台阁体”盛行。第二阶段，明中期“吴中四家”崛起，书法开始朝个性方向发展。祝允明、文征明、唐寅、王宠四子依赵孟頫而上通晋唐，取法弥高，笔调亦雅。其中祝允明高古无华，文征明娟秀骨清，唐寅风华绝代，王宠风流儒雅。这和当时思想观念的开拓解放有关，书法开始迈入倡导个性化的新境域。第三阶段，晚明书坛兴起一股批判思潮，书法上追求大尺幅和震荡的视觉效果，侧锋取势，横涂竖抹，满纸烟云，以丑为美，使书法原先的秩序开始瓦解，这些代表书家有张瑞图、黄道周、王铎、倪元璐等。他们的创作不仅对当时而且对后代产生了极为深远的影响，只有帖学殿军董其昌仍坚持传统立场。

挥毫泼墨者其为谁乎

有明一代，比较著名的书法家，大致有如下几人：

林大木，号松山，生卒年不详。生于书香门第。其先祖在宋帝南渡时隐居于福建兴花府莆田县鲁家桥，后迁居桃源县。大木行侠好义，来求者辄挥毫相赠，并不居奇吝啬。尝乘酒意，作四季回文诗，兴酣下笔，纸墨淋漓，隐约透出仙气。尤善擎窠大字，书法流畅，宛若游龙，楔石者真相延致。金陵燕子矶上“振衣千仞”四个大字，即大木的遗笔。又苏州虎丘山上的“虎丘”二字及天林关“飞来峰”三字，皆大木手迹。难怪晚清翰林院待诏、特授桃源县教渝崔丹桂品评说：“观大木公书苏州天林关‘飞来峰’三字，飘飘然有仙骨。”清乾隆皇帝南巡，见到林大木所写的几处墨迹，亦啧啧称赞为“笔下龙蛇”。林大木以一介书生、平民百姓的普通身份得在名胜之区留其墨宝而名垂久远，已足见其书法的精妙绝伦。

董其昌（1555～1636），字玄宰，号思白，又号香光居士，松江华亭人，出生在“二沈”的家乡，自幼就受到书法艺术的熏陶。他曾自述学书经过说：“初师颜平原《多宝塔》，又改学虞永兴，以为唐书不如晋魏，遂仿《黄庭经》及钟元常《宣示表》《力命表》《还示帖》《舍丙帖》，凡三年，自谓逼古……比游嘉兴，得尽睹项子京家藏真迹，又见右军《官奴帖》于金陵，方悟从前妄自标评。”由此可见，他对于古代名家墨迹是认真临摹的，在用笔、用墨和结体布局方面，能融会贯通各家之长。《明史·文苑传》称他：“始以米芾为宗，后自成一家，名闻外国，尺素短札，流布人间，争购宝之。”他的楷书用笔有颜真卿率真之意，而布局得杨凝式的闲适舒朗，神采风韵似赵孟頫。草书植根于颜真卿《争座位》和《祭侄稿》，并有怀素的圆劲和米芾的跌宕。书法至董其昌，可以说是集古法之大成，“六体”和“八法”在他手下无所不精，同时他又善于鉴赏，品题书画虽片语只字，也被收藏家视为珍宝。包世臣在《艺舟双楫》也说：

“书家神品董华亭，楮墨空元透性灵。除却平原俱避席，同时何必说张邢。”其代表作品有：白居易《琵琶行》（卷）、《草书宋词》（卷）、《烟江叠嶂图跋》《临怀素自叙帖》《草书诗》（册）等。董其昌的草书很少，且不甚好。白居易《琵琶行》（卷），前人曾说是“笔势纵横，神气飘逸，出入张、素之间。”他自己说“白太傅（白居易）琵琶行，恨不逢张伯高，余以醉素笔意仿佛当时清狂之状，白相似不？”现在看来，此卷虽系学张、素，实则姿态秀逸，笔力不足，仍是他自己的本色。《草书宋词》（卷）极富清远散淡的情致，用笔清疏流畅，意境深远，似信手写来，实则笔法严谨，一丝不苟，蕴神采于笔墨之中，使行笔俱在法度之内，而无雕琢的痕迹。《烟江叠嶂图跋》则以淡墨入书，浓淡兼施，加上流畅的行笔、空灵的行款，那种淡雅幽静的书法，的确将人们带入一个超越尘世的意境中去。

文征明（1470～1559），原名壁，字征明，更字征仲。因先世衡山人，故号衡山居士，世称“文衡山”。曾官翰林待诏，长洲人。擅长诗、文、书、画，诗宗白居易、苏轼，文受业于吴宽，学书于李应祯，学画于沈周。在诗文上，与祝允明、唐寅、徐祯卿并称“吴中四才子”。在绘画上，师法沈周，典雅秀丽，与沈周、唐寅、仇英合称“吴门四家”。在书法上，早年受吴宽的影响写苏体，后受李应祯的影响，学宋元的笔法较多。小楷师法晋唐，力趋健劲。明谢在杭《五杂俎·卷七》中如此称赞文征明的小楷：“无真正楷书，即钟、王所传《荐季直表》《乐毅论》皆带行笔。洎唐《九成宫》《多宝塔》等碑，始字画谨严，而偏肥偏瘦之病，犹然不免。至本朝文征仲先生始极意结构，疏密匀称，位置适宜。如八面观音，色相俱足。于书苑中亦盖代之一人也。”他的大字有黄庭坚笔意，苍秀摆宕，骨韵兼擅，与祝允明、王宠并重当时。其代表作品有：《草书七绝》、《奉天殿早朝诗》、《大行书七绝诗》（轴）、《行草七言诗》（轴）等。其中《草书七绝》高109.6厘米，宽30.6厘米，诗为：“玉泉千尺泻湾漪，天镜分明不掩疵。老去常思泉畔坐，莫教尘土上须眉。”《奉天殿早朝诗》是行书，笔法苍劲有力，结体张弛有致，整幅作品上下呼应，左右映带，血脉相通，气贯神溢。《大行书七言诗》（轴）结体开展奔放，有黄庭坚的神韵，清人梁献说文征明“晚年作大字宗黄，苍秀摆宕，骨韵兼擅”，此书即可为证。

祝允明（1460～1526），字希哲，号枝山，长洲人。自幼聪慧过人，五岁时能写一尺见方的大字，九岁会作诗，以后博览群书，诗文有奇气。他的楷书早年精谨，师法褚遂良、赵孟頫，并从欧、虞而直追“二王”，其书《出师表》谨严浑朴。晚年临写《黄庭经》，不注重点画的形似，结构疏密，转运遒逸，神韵益足。嘉靖末的书法家王樨登说：“古今临《黄庭经》者，不下十数家，然皆泥于点画形似钩环戈磔之间而已……枝山公独能于矩绳约度中而具豪纵奔逸意气。”他的草书师法李邕、黄庭坚、米芾，功力深厚，晚年尤重变化，风骨烂漫。得意之作是《太湖诗》（卷）、《箜篌引》和《赤壁赋》，流利洒脱，奔放不羁。《名山藏》说：“允明书出入晋魏，晚益奇纵，为国朝第一。”其代表作品有：《唐寅落花诗》和《前赤壁赋》《后赤壁赋》。《唐寅落花诗》是草书，纵21.2厘米，横248.3厘米，每字有一寸见方。此卷潇洒飘逸，神韵洋溢，有不少章草的笔法。用笔浑厚，含筋骨于笔画之内，是祝允明草书中含蓄一路的代表作。《前赤壁赋》《后赤壁赋》均系狂草书，现藏上海博物馆，内容是宋代苏轼的两篇散文。据考证，此卷为祝晚年杰作。千古绝唱之文，经生花之笔，构成变化万状的“画图”，堪称“双绝”精品。此卷下笔变化丰富，行笔沉着痛快，信手而作，随意而行。正如王世贞在《艺苑卮言》里所说，祝允明草书“变化出入，不可端倪，风骨烂漫，天真纵逸”。结体上也大小相间，修长合度，引领管带，疏密成趣。纵观全卷，神采似行云流水，飞动自然，形迹如行立坐卧，意态朴素。

唐寅（1470～1523），字伯虎，一字子畏，号六如居士、桃花庵主等，吴县人。二十九岁时，乡试第一，故有“南京解元”之称。进京会试时，因牵涉科场舞弊案而被革黜下狱，经吴宽保举出狱，妻子改嫁，精神上连受打击。后游历名山大川，专事书、画、诗、文创作，并以此为生。作品中常流露出遭受打击后的忧郁之情和消极处世的思想。他以绘画最为擅长，为吴门画派的代表人物，与沈周、文征明、仇英并称“明代四大家”，又称“吴门四家”。著有《六如居士集》。其代表作品是行书《七律诗》（轴），纸本，高146.5厘米，宽36.2厘米，共四行，释文是：“龙头独对五千文，鼠迹今眠半榻尘。万点落花都是恨，满杯明月即忘贫。香灯不起维摩病，樱笋消除谷雨春。镜里自看成大笑，一番傀儡下场人。”唐寅书法主要学赵孟頫，此幅更见受李北海影响，俊逸挺秀，妩媚多姿，行笔圆熟而洒脱，唯笔力稍弱，钩挑牵丝绵软，结构亦略趋松散。故王世贞评曰：“伯虎入吴兴堂庑，差薄弱耳。”

王宠（1494～1533），字履仁，后字履吉，号雅宜子、雅宜山人。吴县人。王宠博学多才，工篆刻，善山水，他的诗文在当时声誉很高，而尤以书名噪一时，为明代中叶著名的书法家。他的楷书初学虞世南、智永，行书师法王献之，到了晚年形成了自己的风格，以拙取巧，婉丽遒逸。他是继文征明之后的著名书法家，所写诗格调亦清隽可喜，山水画与唐寅齐名，当时称为“三绝”。其代表作品有：《滕王阁序》，小楷，疏淡恬静、圆润虚灵，有晋人遗意；《送友生游茅山诗》，草书，疏朗萧散，俯仰多姿，饶有情趣，不失为高格调的佳作。

张瑞图（？～1644），字长公，号二水，福建晋江人，万历三十五年（1607）进士，官至大学士，善画山水，草书气魄宏大，笔势雄伟。清代秦祖永《桐阴论画》说："瑞图书法奇逸，钟王之外，另辟蹊径。"《评书帖》云："张瑞图得执笔法，用力劲健，然一意横撑，少含蓄静穆之意，其品不贵。瑞图行书初学孙过庭《书谱》，后学东坡草书《醉翁亭》，明季书学竞尚柔媚，王（铎）、张二家，力矫积习，独标气骨，虽未入神，自是不朽。"其代表作品是《后赤壁赋》，行草体。该作把横直笔画密集在一起，纵横牵掣，大折大翻，给人以极少使用圆转用笔的印象。在章法上，他依靠点画的疏密来体现字的节奏感，由于翻折的运用，横画得以突出，加上其行距拉开，形成字紧行疏的特殊行款，黑白对比十分鲜明，与王宠、董其昌的清疏典雅风格不同，大有咄咄逼人之势。

宋克（1327～1387），字仲温，长洲人，自号南宫生，洪武初年任凤翔府同知，博涉书史，喜欢走马击剑。《明史·文苑传》称他"杜门染翰，日费十纸，遂以善书名天下"。杨慎评他的真、行书在明代应数第一。宋克直承赵孟頫，他所写的《李白行路难》笔墨精妙，风度翩翩。楷书有钟、王法度，但是过于流丽圆熟，当时就有人说："国朝楷、草推'三宋'，首称仲温，然未免烂熟之讥，又气近俗，但体媚悦人目尔。"其主要作品有：《唐宋诗稿》《急就章》。《唐宋诗稿》（卷），今草，是他三十四岁的早期作品，杂有章草的笔意，锋芒毕露而精神外耀，然而也因此遭来“波险太过，筋距溢出，遂成佻卞”之议。不过也有书法史家认为，从每个书法家都应该追求自己的个性这一角度出发，这些贬词恰恰说明宋克的草书具有了强烈的时代感，而所非之处也正是宋克学古能化的明证。《急就章》，草书，是他四十岁时临皇象的得意之作，但与皇象的《急就章》又“貌合神离”，给人活泼清新、热情奔放的感觉，笔画粗细变化强烈，较之赵孟𫖯写的《急就章》更为生动精彩，富于感染力。

王铎，字觉斯，号嵩樵、痴庵等，河南孟津人。他楷书学钟繇，坚劲古拙。其行、草书尤善，初学二王，甚得其意，在笔法上推敲很深，对献之笔法吸取更多，故其更偏于婉美中见峭厉，又多参前贤笔法，受米芾的影响最明显，而又得力于唐张旭、怀素狂草笔意，终于入古而出新。在明代中叶浪漫主义书风的影响下，以一己之胸臆化古法于笔端，造新风于墨翰。其用笔的最大特点是将淹留之法与峻厉之气化为一体，故其用笔凝练韧健，过笔不欲一刷而过，每回环盘屈，有“扭”动，而笔势则一脉流贯，于淹留中得畅达。“涩”与“畅”相反相合、相辅相成，骨力既重，风神亦生。其草书回曲而畅达、坚韧而峻厉，将力感沉着与气息贯畅结成一个奇妙的整体，被人们喻为“金戈铁马”“枯藤绕树”。王铎喜欢书超长的巨幅条幅，自云书条幅非逾丈不解瘾。其书又善将枯、湿、浓、淡做较强的对比，在其中后期的书法作品中，甚至用涨墨法入书，强调墨趣，由此造成一种点、线、面相结合的艺术效果。在章法上，王铎喜茂密，用笔一气直下，连绵不绝。在书写中还常以结字的俯仰翻侧、字间的疏密结合，使每一行字的动态曲线异常明显，从而形成作品中强烈的白疏黑密的艺术效果。王铎书法由于在用笔、结字、章法上既吸取帖学之精髓，又独出己意，较成功地解决了大幅作品“耐看”的难点，为明代书法奏出了一个成功的尾声。

傅山，初名鼎臣，字青竹，后改名山，字青主。别号极多，人称“傅青主”，山西阳曲人。傅山的行草书，运笔柔中寓刚，意志天真而精神贯注，圆转流便而迟速应心，结构超逸，章法连绵缠绕。在董其昌书法笼罩书坛之时，他强调任情恣性：“宁拙毋巧，宁丑毋媚，宁支离毋轻滑，宁直率毋安排，是以回临池既倒之狂澜矣。”他的书法一反正统书派清整、温润、闲雅以及提、按、顿、挫的要求，与统治者倡导的书法分庭抗礼。

六、画笔下传承的盎然气韵（上）

丹青历程

在中国绘画史上，明代画风迭变，画派繁兴。在绘画的门类、题材方面，传统的人物画、山水画、花鸟画盛行，文人戏墨画的梅、兰、竹及杂画等也相当发达；在艺术流派方面，涌现出众多以地区为中心，或以风格相区别的绘画派系；在师承方面，主要有师承南宋院体风格的宫廷绘画和浙派，以及发展文人画传统的吴门派、松江派和苏松派等两大派系；在画法方面，水墨山水和写意花鸟勃兴，成就显著，人物画也出现了变形人物、没骨敷彩肖像等独特的新面貌。另外，民间绘画，尤其是版画，至明末呈现繁盛局面。大致说来，明代绘画可以分为如下几个阶段：

早期绘画阶段，从洪武至弘治年间（1368～1505）。明代宫廷绘画与浙派盛行于画坛，形成了以继承和发扬南

《皇都积胜图》

宋院体画风为主的时代风尚。明代宫廷绘画承袭宋制，但未设专门的画院机构，朝廷征召的许多画家，皆隶属于内府管理，多授以锦衣卫武职。画史上称他们为画院画家，实际上是宫廷画家。洪武和永乐（1403～1424）两朝属初创时期，机构未臻完备，风格也多沿续元代旧貌。至宣德（1426～1435）、成化（1465～1487）、弘治（1488～1505）年间浙江与福建两地继承南宋院体画风的画家，陆续应召入宫，遂使明代宫廷绘画一时呈现出取法南宋院体画的面貌，宫廷绘画创作达到鼎盛时期。正德（1506～1521）以后，吴门派崛起，宫廷绘画逐渐被取而代之。

明代宫廷绘画以山水、花鸟画为盛，人物画取材比较狭窄，以描绘帝后的肖像和行乐生活、皇室的文治武功、君王的礼贤下士为主。如商喜《明宣宗行乐图》、谢环《杏园雅集图》、倪端《聘庞图》、刘俊《雪夜访普图》等。山水画主要宗法南宋马远、夏圭，也兼学郭熙，著名画家有李在、王谔、朱端等人。李在仿郭熙几乎可以乱真，王谔被称为“明代马远”。花鸟画呈现多种面貌，代表画家有擅长工笔重彩的边景昭，承袭南宋院体传统，妍丽典雅而又富有生意。孙隆从北宋徐崇嗣脱胎而出，专攻没骨法。林良以水墨写意花鸟著称，笔墨洗练奔放，造型准确生动。吕纪工写结合，花鸟精丽，水石粗健，自成一派。明代宫廷绘画虽未取得像宋代院画那样划时代的成就，但在某些方面也有新的开拓。

浙派以戴进和吴伟为代表，活动于宣德至正德年间（1426～1505）。因创始人戴进为浙江人，故有“浙派”之称。继起者吴伟为湖北江夏人，画史亦称他为“江夏派”，实属浙派支流。戴、吴二人都曾进过宫廷，画风亦源自南宋院体，故浙派与宫廷院画有密切的关系。戴进、吴伟作为职业画家，画艺精湛，技法全面，山水、人物都很擅长，山水画成就尤为突出。但二人风格又有所区别，戴进变南宋的浑厚沉郁而为健拔劲锐之体，但仍不失谨严精微；吴伟以简括奔放、气势磅礴见胜。论者谓他“源出于文进（戴进），笔法更逸，重峦叠嶂，非其所长，片石一树，粗简者，在文进之上”。戴进、吴伟前后踵接，影响了一大批院内外画家。追随者有张路、蒋嵩、汪肇、李著、张乾等人。张路的山水画水墨淋漓，人物画则以挺秀、洒脱见长。蒋嵩善用焦墨，笔法简率。汪肇作品多动荡之势。李著学吴伟笔法，遂成江夏一派。

浙派后期一味追求粗简草率，积习成弊，正德后遂见衰微。明代后期的蓝瑛，有人称之为“浙派殿军”，但从师承、画风看，实与浙派无涉。明代早期，江南地区还有一批继承元代水墨画传统的文人画家，如徐贲、王绂、刘珏、杜琼、姚绶等人。徐贲山水承董源、巨然，笔法苍劲秀润。王绂喜用披麻兼折带皴作山水，繁复似王蒙。墨竹挺秀潇洒，被称为明代“开山手”。刘珏山水取景幽深，笔墨浓郁，近王蒙、吴镇。杜琼善水墨浅绛山水，多用干笔皴染。姚绶主要师法吴镇、王蒙，风格苍厚。他们的画风堪称吴门派先驱。还有一些画家，虽未归宗立派，亦各有建树。如初宗马远、夏圭，后师法自然以画《华山图》著名的王履，被称为院派；给唐寅、仇英以较大影响的周臣；擅长水墨写意人物和山水的郭诩、史忠；以白描人物著称的杜堇等人。

中期绘画阶段，约自正德前后至万历年间（1506~1620）在苏州地区崛起。以沈周、文征明为代表的吴门派，主要继承宋元文人画的传统，波澜日壮，成为画坛主流。明代中期，作为纺织业中心的苏州，随着工商业的发展，逐渐成为江南富庶的大都市。经济的发达促进了文化的繁荣，一时文人荟萃，名家辈出。文人名士经常雅集宴饮、诗文唱和，很多优游山林的文人士大夫也以画自娱，相互推崇。他们继承和发展了崇尚笔墨意趣和“士气”“逸格”的元人绘画传统，其间以沈周、文征明、唐寅、仇英最负盛名，画史称为“吴门四家”。他们开创的画派，被称为“吴门派”或“吴派”。

吴门诸公往往书画兼通，沈周和文征明是吴门派画风的主要代表。他们二人都淡于仕进，属于诗、书、画三绝的当地名士，主要继承了宋元文人画传统，兼能几种画科，但主要以山水画见长。作品多描写江南风景和文人生活，抒写宁静幽雅的情怀，注重笔情墨趣，讲究诗、书、画的有机结合。两人渊源、画趣相近，但也各有擅长和特点。沈周的山水以粗笔的水墨和浅绛画法为主，恬静平和中具苍润雄浑气概，花卉、木石亦以水墨写意画法见长，其作品主要是以气势取胜；文征明以细笔山水居多，善用青绿重色，风格缜密秀雅，更多抒情意趣，兰竹也潇洒清润。唐寅和仇英有别于沈周、文征明，代表了吴门派中另外的类型。唐寅由文人变为以卖画为生的职业画家，仇英为职业画家，在创作上则受文人画的一定影响，技法全面，功力精湛，题材和趣味较适应城市民众的要求。他们二人同师周臣，画法渊源于李唐、刘松年，又兼受沈周、文征明和北宋、元人的影响，描绘物象精细真实，也重视意境的创造和笔墨的蕴藉，具有雅俗共赏的艺术效果。唐寅的山水画多为水墨，有两种路数：一是以李唐和刘松年为宗，风格雄峻刚健；二是为细笔画，风格圆润雅秀。人物画则时工时写，工笔重彩。仕女承唐宋传统，细劲秀丽，水墨淡彩。人物学周臣，简劲放逸。仇英从临摹前人名迹处得益，精谨清雅，擅长着色，以青绿山水和工笔人物著称。

“吴门四家”杰出的艺术成就，在当时产生了巨大的影响，从学者甚众。宗法沈周的有王纶、陈焕、陈铎、杜冀龙、谢时臣等人。王纶为沈周的入室弟子，陈焕较为粗重苍老，杜冀龙稍变沈周之法，谢时臣以气势纵横、境界宏伟见胜；追随文征明的不下二三十人，著名的有文嘉、文伯仁、陆治、陈淳、陆师道、周天球等。文嘉山水疏简，文伯仁缜密，陆治劲峭，陈淳放笔写意，陆师道细笔勾染，周天球兼善兰石，诸家各具特色。吴门派诸家中陆治、陈淳、周之冕在花鸟画领域中尤有新创。陆治是文征明的学生，花鸟画兼取徐熙、黄筌两派之长，创文人画的工笔花鸟新格，笔墨细秀，设色淡雅，有妍丽派之称。陈淳亦出文征明门下，花鸟画受沈周影响，继承水墨写意技法，在造型的洗练、笔墨的放逸、情致的跌宕等方面有所发展，开启了徐渭的大写意画派，与徐渭并称。周之冕受吴门派影响，融会陆治、陈淳两家之长，另创一兼工带写的小写意画法，被称为“勾花点叶体”。吴门派发展到明末，因循守旧，徒仿形貌，其地位被另辟蹊径、重倡文人画的董其昌及其流派所取代。

后期绘画，约自万历至崇祯年间（1573 ~ 1644），绘画领域出现新的转机。陈洪绶、崔子忠、丁云鹏等开创了变形人物画法。明代中后期的人物画，承浙派者流于粗陋简率，效唐寅、仇英者日趋柔弱靡丽，陈洪绶异军突起，一扫弊习。他糅合传统艺术和民间版画之长，在浙、吴两派之外，别树一帜。赋予所取题材以一定寓意，表达了作者鲜明的爱憎。人物形象夸张甚至变形，气势伟岸，格调高古，线条刚柔相济，富有装饰性和金石味；设色浓重，以俗为雅，他的画风对后世影响深远。其子陈宇、弟子严湛、魏湘等直承其法，清末“四任”（任熊、任颐、任薰、任预）更进一步发展了他的传统。此外，陈洪绶也涉猎木刻插图，造诣尤高，对版画艺术的发展起到了一定的推动作用。崔子忠擅长白描人物，与陈洪绶并称“南陈北崔”。丁云鹏善画道释人物，两人的画风虽与陈洪绶不同，但同样都反映了明末清初书画艺术上的一股“宁拙勿巧、宁丑勿媚”的时代风尚。明代肖像画在人物画中较为发达，民间画工中尤多写真能手，至明代后期更有发展，曾鲸为其中富于创新精神的代表画家。他的肖像画重没骨，即在用淡线勾出轮廓五官和以淡墨渲染出明暗凹凸后，再以色彩烘染数十层，必穷匠心而后止。这种画法较富立体感，可能已受到当时新传入的西洋画法的一定影响，学者甚众，遂形成波臣派，影响直至清代。

明代后期山水画，继吴门派而起的代表画家董其昌另辟蹊径，形成了许多支派。前文我们已经提到董其昌的书法作品，而他的绘画作品和绘画理论，更是值得称道。他的绘画艺术与吴门派有密切关系，为矫正吴门派末流之弊，他重倡文人画，强调摹古，注重笔墨，追求“士气”，并提出了南北宗论。由于他官至礼部尚书的显赫地位和在画坛上的声望，遂成为画坛盟主，所创立的松江派遂取代了吴门派的统治地位。他提出的绘画理论，尤其是南北宗论，对明末清初的绘画产生了重大影响，一时之间苏松地区形成了许多山水画支派。这些画派在观点、主旨、方法、意趣等方面，与董其昌基本一致，所不同的只是在模仿某家和笔墨运用上各有侧重。较著名的画家有莫是龙，与他共创南北宗论，陈继儒与他为至交，赵左亦常为其代笔，他们都是松江派主将；顾正谊创华亭派，董其昌早年曾受其启导，宋旭亦属华亭派巨子，沈士充受业于宋懋晋，兼师赵左，也为董其昌代笔，世称云间派。另外，受吴门派影响的晚期画家还有程嘉燧、李流芳、卞文瑜、邵弥等人。程嘉燧的山水枯简疏放，李流芳爽朗清秀，卞文瑜细秀，邵弥简逸。除苏松地区外，晚明时期还出现了不少地区性的山水画派，如浙江钱塘的蓝瑛创武林派，安徽芜湖的萧云从创姑熟派，浙江嘉兴的项元汴、项圣谟创嘉兴派，江苏武进邹子麟、恽向创武进派等，这些派别大多影响不大。明末清初，虽然形成名目繁多、关系复杂的山水画派别，但大多受吴门派和董其昌影响，统属于文人画的系统。

徐渭是继陈淳以后，从根本上完成水墨写意花鸟画变革的一代大家，其画风有力地推进了后世写意花鸟画的发展，画史上称为“青藤画派”。他的画风对清代的朱耷、石涛、“扬州八怪”、海派乃至现代的齐白石等都产生了深远影响。

从来不见梅花谱，信手拈来自有神——徐渭

明代画坛高手林立，其中最富创意的水墨花鸟画大师当推徐渭。他纵横奔放的水墨写意画，更是影响深远，开启了明清以来水墨写意法的新途径。

徐渭（1521～1593），浙江绍兴人，初字文清，后改文长。他处在一个文人步履维艰的明代后期，终生未能得志于“功名”，还屡遭厄运，常因他事而使清名被辱，以致精神几乎失常。后因误杀妻子而下狱服刑，出狱时已年逾五十。饱经沧桑的生涯形成了他吟诗作画的狂放性格，给后世留下许多趣闻，但多半属于附会，未必真实。由于他长期贫困潦倒，极易与下层人民接近，在画坛的确与众不同。

如上文所说，徐渭的诗、书、画、文全面发展，对书法颇多自负，他认为自己的写意花鸟得之于书法修养，曾说：“迨草书盛行乃始有写意画。”艺术上更显泼辣，

“不求形似求生韵”，虽狂涂乱抹却横生意趣。喜作水墨葡萄、牡丹，以隐喻自己怀才不遇，借物抒情、以物喻人，为后来不少名画家所效法。徐渭曾自称“吾书第一，诗二，文三，画四”，但后人并不同意他对自己的评价，如周亮工在《赖古堂画跋》中说：“青藤自言书第一，画次，文第一，诗次，此欺人耳。吾以为《四声猿》与草书花卉俱无第二。”推崇其诗者认为其诗一扫近代芜秽之习，推崇其戏曲的汤显祖则谓“《四声猿》乃词坛飞将”，推崇其文的唐顺之、茅坤则谓“此文殆吾辈”。可见其文章、诗歌、戏曲、绘画、书法在当时都算得是一流。

徐渭对画的主张，虽没有系统的画论流传下来，但从散落在其诗及其画的题跋上可见端倪。有题画诗云：“莫把丹青等闲看，无声诗里颂千秋。”这句话既可以看作是其绘画创作思想的核心，也是其绘画艺术的一个重要特点，强调绘画乃是一种用来抒发作者思想感情的工具。徐渭一生热衷于用世，但命运多舛、颠沛落魄，造成其精神的苦闷和对朝廷腐败的不满，时常发诸笔端，以泄胸中意气。

他画牡丹，不用色彩，仅以泼墨为之，并题《墨牡丹》云：“牡丹为富贵花，主光彩夺目，故昔人多以钩染烘托见长。今以泼墨为之，虽有生意，终不是此花真面目。盖余本窭人，性与梅竹宜，至荣华富丽，若风马牛弗相似也。”又有题《墨牡丹》诗云：“五十八年贫贱身，何曾妄念洛阳春？不然岂少胭脂在，富贵花将墨写神。”画家沈周、陈淳都画过墨牡丹，但无论从布局到笔墨都远不及徐渭的泼辣、豪放和气势逼人，这与他五十八年贫贱身，连续多次科举不中是分不开的。在封建社会，科举是知识分子发迹进入仕途的唯一途径，尽管徐渭满腹经纶，名满天下，但因没有功名、没有地位，以致一贫如洗，竟至有人用两碟野鸭肉、牛肉和三卮酒就能换到他的一幅梅花。题诗云：“凫牛两碟酒三卮，索写梅花四句诗。想见元章（指王冕）愁米日，不知几斗换冰枝？”又云：“曾闻饿倒王元章，米换梅花照绢量。花手虽低贫过尔，绢量今到老文长。”他所画的墨梅，一如狂草，一气呵成，笔墨间有一种磊落、激愤之情。

从他的诗文题跋上还可看出他对前代和当时画家的不同看法和评论。如《题夏圭山林卷》：“观夏圭此画，苍洁旷迥，令人舍形而悦影。”《书倪元镇画》：“一幅淡烟光，云林笔有霜。峰头横片石，天际渺长苍。虽赝须金换，如真胜璧藏。扁舟归去景，入画亦茫茫。”《唐伯虎古松水壁阁中人待客过画》：“南京解元唐伯虎，小涂大抹俱高古。壁松水阁坐何人？若论游鱼历历数。”还有对苏轼、黄公望、王冕、吴镇等的精彩评述。他和与他同时或稍前一点的画家，如陈淳、谢时臣，同乡陈鹤、刘世儒，杭州的沈仕，宁波的沈明臣等人不但有往来，且受他们的影响颇大。

徐渭对古代画家不但有过研究，且对苏轼、夏圭、黄公望、倪瓒、吴镇、王冕、沈周、唐寅等人的画十分推崇，对与他同时的前辈画家陈淳、陈鹤、谢时臣等人亦很佩服。他是融会各种画法以后，终于以他自己特有的风格出现在明代晚期的画坛上。他作品中的“文人画”气质，受上述这些文人画家的影响较多。他的作品重气韵，不求形似，但不是毫无道理地横涂乱抹。他的画，无论花卉、山水、人物、走兽、鱼虫瓜果等无一不能，无一不工。除前文提及的葡萄、竹石之外，他画得最好的花卉是《杂花图》（卷），画中有牡丹、石榴、荷花、梧桐、菊花、南瓜、扁豆、紫薇、葡萄、芭蕉、梅花、水仙、竹子共十三种，组成长卷，连题跋在内有十多米长。运用泼墨、破墨、积墨等多种技法，挥洒淋漓，气势奔放，一气呵成。这是徐渭水墨大写意花卉的代表作。尽管他提倡“不求形似”，但并不等于要把现实的事物敷衍过去，恰恰相反，由于他对写生的对象曾有过认真的观察和深刻的体会，并亲自种竹、修整葡萄，因此，又与那些脱离现实生活的一味狂涂乱抹者不同，他是用简单明快的笔墨，把形象概括、简约地表现出来。

从技法上看，用水墨来画花卉，在徐渭以前不算罕见，至于山水、人物、竹石，更是不足为奇。如果我们把时间推得更远一点，苏轼即曾提到汴人尹白能以墨画花，宋代画家梁楷亦早就用减笔水墨来画人物树石了。徐渭虽是从继承前人的绘画传统上学习，却又不为前人拘束。如果说他学陈淳、林良，那么徐渭的笔墨要比他们更为放纵，特别是他那大刀阔斧、纵横睥睨的写生画法，真可以“推倒一世之豪杰，开拓万古之心胸”。这种风格，经过石涛、朱耷（八大山人）、郑板桥、吴昌硕等人的发展和丰富，终于打开了近代大写意这一流派。他喜用水墨作画，在他的文集里有一段议论说：“奇峰绝壁，大水悬流，怪石苍松，幽人羽客，大抵以墨汁淋漓，烟岚满纸，旷如无天，密如无地为上。”“百丛媚萼，一干枯枝，墨则雨润，彩则露鲜，飞鸣栖息，动静如生，悦性弄情，工而人逸，斯为妙品。”他利用泼墨写山水的确发挥了墨汁淋漓、烟岚满纸的效果。

对于山水、人物画他赞赏沈周、谢时臣的粗笔，尤其对夏圭、倪瓒的冷逸特色大为赞赏。所以他的山水、人物画往往多用粗笔，乘兴涂抹，神游于物象之外，以豁胸中之气。如他的《人物山水花卉》（册）分别作写意山水人物、写生花卉，颇具南宋画家梁楷的减笔风格。笔墨简括豪放，随意自然。《莲舟观音图》（轴）上方一大半位置为草书题跋，下方一小半画观音像，人物寥寥几笔，然神韵俱佳。

徐渭的写意画，不管花鸟、山水、人物，其布局都灵活善变，视题材、主题和画幅形式的要求出奇制胜，达到了“旷如无天，密如无地”“能如造化绝安排”的艺术境地。他深得用墨三昧，善于用水用墨，大泼墨、大破墨尤见功力，淡破浓、浓破淡，极尽墨法之变化，淋漓润活，生意盎然。徐渭的水墨画技法全面，充分体现了他纵横奔放的才华，把中国写意画推向又一个高峰。明代许多名家中，能如徐渭于绘事兼长各科，挥洒自如、情景交融的，可谓屈指可数。他的作品带给人们的艺术享受是隽永的。

徐渭的水墨大写意画法，对后世的影响至为强烈。他习画较晚，真正成为一个画家应在他出狱之后。也许是因为戏曲、诗词不足尽其胸中郁积，才转而以绘画来发泄，而正是绘画使他的诗文、歌赋得到声、形在抒发心情上的统一。他以纵横不可一世的画法出现在明代后期的画坛上，令人耳目为之一新。

徐渭画风对后世的影响极为深远。就近代画坛所景仰的大画家八大山人、石涛、“扬州八怪”而论，都是从此画法脱胎而出。郑板桥对徐渭佩服得五体投地，曾刻了一枚“青藤门下走狗”的印章，用来钤于画上，并在《题画兰竹》中说：“郑所南、陈古白两先生善画兰竹，燮未尝学之；徐文长、高且园（凤翰）两先生不甚画兰竹，而燮时时学之弗辍，盖师其意不在迹象间也。文长、且园才横而笔豪，而燮亦有倔强不驯之气，所以不谋而合。彼陈、郑二公，仙肌仙骨，藐姑冰雪，燮何足以学之哉！”近代的吴昌硕题徐渭的书画册亦说："青藤画中圣，书法逾鲁公（颜真卿）。"齐白石对徐渭更是倾慕备至，他曾说："青藤、雪个、大涤子之画，能纵横涂抹，余心极服之。恨不生三百年前，为诸君磨墨理纸。诸君不纳，余于门外饿而不去，亦快事也。"又题诗曰："青藤雪个远凡胎，缶老（吴昌硕）衰年别有才；我欲九原为走狗，三家门下转轮来。"再如戴熙曾提到他看到徐渭的一套三十六幅册页时的情形，有"此册开视，心目为快，家人在旁，亦复齐声拍手，啧啧称妙"。在浙江民间，有关徐文长的传说至今不衰，可见他在人们心目中的地位。

有的艺术家认为，徐渭是明清大写意画派的开山大师，他的绘画艺术是我国文人画发展到明代的一个新的突破。中国文人画产生在晋代，它是伴随着儒、道、佛三位一体化的玄学兴起和文人诗歌、书法艺术的发展而兴起的绘画艺术。在创作思想上它摆脱了政教的束缚，走上了纯文艺的道路。超然物外，寄情山水，借物抒情乃是文人画产生的思想基础。文人画的"以形写神""气韵生动"和"怡悦情生"的理论被唐代张彦远肯定并加以宣扬之后，经五代荆浩，到北宋而得到进一步发挥。此际文人名流辈出，对宋代和后世文人画发展产生了极大影响。凡诗、书、画皆以尚意为高，强调主观心意的重要性，使绘画艺术从重在表现客观而转向表现主观心灵。

艺术流派的兴衰背后都有其深刻的思想背景。明代大写意画的勃兴还与明中叶以后王阳明、李贽的哲学思想有关。徐渭在哲学上深受王阳明心学的影响，在文艺观上主张以本色为宗，在绘画上以表现心灵为重，强调“万物贵取影”“不求形似求生韵”“根拨皆吾五指裁”。他使文人画的理论和实践从“形神皆备”的主客观兼顾而转向了“意在象外”的重主观、次客观的大写意画发展阶段，这是文人画发展史上一个更高阶段的标志。

徐渭擅长狂草，以草书之意和草书之法入画，来实

徐渭《菊竹图》

践他的艺术观。他的大写意画风，是从自觉地研究和总结前人的理论和创作成果中来的，加上他全面、深厚的学识修养，一生不得志的惨痛遭遇，形成了他狂傲不驯的性格以及他的忧国忧民之心，因此他创立的大写意画风具有不同流俗的格调。与梁楷的冷逸、陈淳的潇洒相比较，徐渭那种热烈、豪放、沉雄而带霸悍的大写意风格更能激动人心，显得痛快淋漓。八大山人在更多方面继承的是他的绘画艺术，只是在笔墨上消去了粗豪霸悍一面，使大写意画的风格走向成熟、高雅，形成了写意花鸟画独特的语言。八大山人的贡献是把徐渭创造的大写意画风推向又一高峰，再经石涛、“扬州八怪”的发展变化，大写意流派，从晚明、清代以至近现代，几乎漫衍于整个画坛。

如前文所说，徐渭的艺术才能是多方面的。他自称“吾书第一”，虽然对这个说法，后人以为不当，但由此亦可见他对自己的书法艺术是很有自信的。明代晚期公安派首领袁宏道曾评论徐渭书法：“不论书法而论书神，诚八法之散圣，字林之侠客也。”晚明张岱说：“青藤之书，书中有画；青藤之画，画中有书。”他的书法特点是寓姿媚于朴拙，寓霸悍于沉雄，笔画圆润遒劲，结体跌宕善变，章法纵横潇洒。在他的作品里，诗、书、画、印已经很完美地结合为一体。读徐渭的画，其用笔、点画又似草书飞动，布局潇洒纵恣，亦如其书之章法。徐渭的绘画确实得力于书法的功力，他的画，尤其是花卉画，往往能将各种不同物象综合于一卷之中，笔墨泼辣、随心所欲，真如草书飞舞，比林良、吕纪、沈周、唐寅、陈淳的写意花鸟画更为粗豪蓬勃、沉雄健拔。徐渭一生的作为极富个性，他对客观世界充满激情，在艺术风格上因而也常流露一种桀骜不驯的个性。那些吐露心声的诗句、放纵而动人的墨谑，使正直的人为他的激情所鼓舞，产生了共鸣。

七、画笔下传承的盎然气韵（下）

人物画——从写实到写意

古代绘画，人物往往是最重要的写作对象，这也正是中西方绘画的不同所在。明代人物画的发展经历了明代前期院体、浙派的写实风格和纪实主题，有宋代院体的艺术风貌。至中期，吴门一带的文人画家文征明、唐寅等把对人物画的兴趣集中到仕女画上，唐寅和仇英的工笔人物可称之为吴门写实人物画的绝响。明末人物画流派纷呈，徐渭的大写意人物和造型奇异的“南陈北崔”及注重写真的“波臣派”是明末最具个性的人物画风。

那么什么叫作“院体”？院体是明代宫廷画家和浙派共同追求的来自宋代翰林图画院的写实画风。明代历史画的创作活动先后在明朝廷的武英殿和江南地区展开，其成就以前者斐然。武英殿、仁智殿是明成祖朱棣定都北京后设置的宫廷绘画机构的所在地，宣德、成化、弘治年间分别达到了明代宫廷人物画的鼎盛时期。明宣宗朱瞻基、代宗朱祁钰、宪宗朱见深、孝宗朱祐樘等皆喜好作画，促进了当时宫廷绘画的繁荣。画家们被授予“锦衣卫”的武职官衔，安心于描绘宫中的各种活动和历史故事。

历史画是这些宫廷画家最主要的绘画题材，其内容集中于描摹历史上特别是三国时期求贤访士的故事，单国强先生就此曾撰文进行深入剖析。宫廷画家们热衷于这一题材缘起明代政权的创建历史。元末，朱元璋为获得贤良以佐帝业，“令有司每岁举贤才及武勇谋略、通晓天文之士，其有兼通书律，吏亦得荐举，得贤者赏，滥举及蔽贤者罚。”立国后，当年便建立了科举制来选拔官吏。洪武七年（1374），朱元璋深感科举制尽得庸才，有碍于发掘耻于科举之道的贤才，于是他下诏吏部求得天下贤才，有力地巩固了明初王朝的统治。明代的后世几代帝王以太祖用贤尚能为楷模，尤其是仁宗和宣宗统治时期，仁宗在尚才的同时，积极平反冤狱，以正视听；宣宗在政治上采取惩治贪官、厚待贤臣的举措。这一良策使国力走向盛极，史称“仁宣之治”。

恰恰在仁宣时期是宫廷画家绘制历史画的高峰时期，必定是武英殿为适应朝政的宣教需要而采取的绘画题材的倾向性。这既表达了仁、宣二帝求贤若渴的殷殷之情，又在客观上淡化了朱元璋于建国初杀戮功臣的行径给后世仕宦者心头留下的阴影。明宣宗朱瞻基亲临墨池，挥写了

《武侯高卧图》，画诸葛亮隐居南阳时仰卧竹丛中的潇洒之态。可以说，正是宣宗垂青于三国的求贤题材，才引导了这个时期历史画的选题。戴进作有《三顾茅庐图》（轴）、倪端的《聘庞图》（轴）等三国故事和刘俊的《雪夜访普图》（轴），皆为求贤类题材。倪端还作过《严陵钓叟图》《南阳卧龙图》等隐士生活的图卷（已佚），周文靖的《雪夜访戴图》（卷）也是表现隐士情趣的故事画。在此基础上出现了歌颂贤良的历史画，如朱端的《弘农渡虎图》（轴）和商喜的《关羽擒将图》（轴）。

明代早期，宫廷画家的重要组成部分是以戴进为首的浙派。他们舍元而直追南宋院体画风，也影响了宫中其他画家如倪端的历史画，他们笔下的人物、树石都有南宋马远、刘松年等名手的遗韵。

戴进（1388～1462），字文进，号静庵、玉泉山人，钱塘人。他早年师承叶澄，画艺日进，名传京师。明宣德年间（1426～1435）被宣宗朱瞻基召入仁智殿作画，后因画红衣官人垂钓，中谗言，遂放归，死于穷途。他的《三顾茅庐图》（轴）是以罗贯中的小说《三国演义》描绘刘备在春日里第三次请孔明出山时的情节为据，甚至卧龙冈的自然环境亦如同小说所述：“高冈屈由压云根，流水潺湲飞石髓；势若困龙石上蟠，形如单凤松阴里。”又有“柴门半掩”“修竹交加”等。刘备在荆州依附刘表，虽任豫州牧，但欲图天下，唯缺谋略。此时的刘备经历前两次拜见孔明未成之后，选择吉日，斋戒三日，熏沐更衣，携张飞、关羽来到卧龙冈。画中的刘备躬身询问小僮孔明在否，当得知孔明昼睡未醒，便侍立等待，张飞急不可待，欲纵火惹醒孔明，关羽摆手劝止。远处草庐里的孔明正聆听柴门外的动静。大凡画刘备三顾茅庐的故事，多取这一情节，以揭示各种不同个性的人物精神，增强画的戏剧性和可“读”性。

倪端，字仲正，楚江人，被明宣宗召入内廷，与商喜一并供奉朝中。他专工山水、人物，得南宋院体之法。他的《聘庞图》（轴）取典于《后汉书》卷八十三，画三国荆州刺史刘表聘请南郡襄阳人隐士庞德公出山未成的历史故事。倪端通过动态表现人物的内心活动，刻画得尤为精到：庞德公坦然扶锄，刘表虔虔有礼，随从急不可待……整个画面耐人寻味。其画风宗法南宋院体，人物线条顿挫有致，树石、高岭细密秀润，精劲苍厚，以特定的野外环境和特定的历史人物构成的历史画往往将山水和人物结为一体。在这里，有情节性的人物活动已不是一般山水画中的点景人物，虽然山水、林木占据了画面的大部分，但人物的活动处在构图的中心位置，其构思与戴进的《三顾茅庐图》（轴）相近。

以沈周、文征明、唐寅、仇英为代表的明中叶吴门画家群，除漆工出身的仇英外，他们把文人的写意花鸟画粗放清逸的笔墨生动地转化为意笔人物。唐寅、仇英的工笔人物画追仿了宋代院体画风，使吴门人物画呈现出多种艺术画貌。他们的绘画题材涉及仕女画较多，修长消瘦的造型代表了那个时代的审美趣味。

唐寅与张灵、文征明友善，其画初学周臣，后远取南宋李唐、刘松年之法，和元代文人画家的意趣融合为一体。其画艺广博，精擅诸科，在人物画科中特擅仕女。唐寅笔下的仕女常做持扇状，如《秋风纨扇图》（轴），表达了作者对世态炎凉的感慨，将仕女与秋日纨扇相比，取意于唐代的宫怨诗句，实为作者自况。画中的仕女背风而立，衣裙拂起，衣带掀动，双手持扇，神情怅然，双勾竹叶似凝白霜，点出秋意。线条简劲方硬，极富动感，右下角的湖石在构图上起到了压角的作用，使画面沉稳，与题诗均衡。唐寅的仕女画既有宋代院体的写实功底，又有文人的气格和情思，因此，其作在江南有着广泛的欣赏群体，加上民间流传着关于唐寅的风流韵事，给他的仕女画更增添了奇异的色彩，引得明、清吴门地区的画家们纷纷效法其迹。

文征明擅画山水、仕女等，画法有工细和粗笔两种，为“吴门四家”之一。他的《二湘图》（轴），画的是传说中的湘君湘夫人，构图十分简洁，空阔如天水一色，使观者觉得二人在江上凌波而起，飘然欲仙。人物的造型和衣纹描法取韵于东晋顾恺之的《洛神赋图》（卷），画家用淡墨作游丝描，行笔飘洒自如，匀细秀劲，非写意所能达意。勾描之后，再施以淡朱色，浓墨画头发，使人物形象十分鲜明。二人在行进中的姿态富有变化，前者持扇回首状，后者尾随迎上，人物的衣带迎风而飘，特别是纨扇上的纤毛随风而展，增强了人物的动感。

仇英，生卒年不详，字实父，号十洲，太仓人。早年为漆工，后在苏州一带卖画为生，得到一些收藏名家的赞助，并饱览了他们的藏品。他擅模仿历代名迹，有唐代画风和宋代院体的遗韵。画风工致，以人物、山水为长。他的《修竹仕女图》绘主仆二女，高耸的翠竹支撑起竖式构图，使得场景开阔。在古代仕女画中，竹子和仕女常常是固定的图像组合，又如梅花与仕女、芭蕉与仕女等，各有不同的寓意。竹子与仕女的组合象征着女主人高洁的品性和情操，其身份必定是高人雅士之妻女。图中的女性形象取宋人的造型程式，丰颐瘦体，神情安然，线条方折与圆劲并用，和谐统一。高竹作双勾白描后，略染汁绿，生机盎然，坡石亦以花青或淡赭微染。仇英用添加了暖色的白粉敷染出人物的脸面和服饰，使其色彩亮丽，在灰黄的底色上显得十分突出。

随着明代商品经济的发展，市民阶层不断扩大，他们必然需要适合于他们的艺术来表现他们的真实形象，于是肖像画盛传在他们中间。画家大都是带有行会性质的民间画工群和具有独特风格及文化修养的流派。一种被称为

“波臣派”的肖像画流派即属后者，该派的开创者是明末的曾鲸。曾鲸（1564～1647），字波臣，故称其为“波臣派”，莆田人，寓居江、浙一带，以写像为生。他主要出入于文人士大夫间，为他们传神写照。曾鲸画过明末书画家董其昌、王时敏和具有爱国叛逆精神的画家陈洪绶及抗清名臣侯峒曾等人的肖像，也为著名思想家黄宗羲、名士黄道周、葛一龙及医学家张卿子等造像。从他所选择的表现对象来看，可以窥察到他的思想倾向于进步。曾鲸的肖像画，一般都画全身，选取对象处于轻松自如的状态，借此表现出对方的个性特征。曾鲸常把对象置身于布有道具的自然环境里，衬托出人物的精神面貌，而独《葛一龙像》（卷）一反常规，仅作一函书点出主人公的身份，除此之外，全凭人物本身的艺术感染力来唤起欣赏者对主人公身居环境的联想，充分调动了欣赏者在观赏时的再创造能力。

时至明末，最为出众的人物画家是“南陈北崔”，南方是浙江诸暨的陈洪绶，北方是北京的崔子忠，两人皆忠于明朝，反对清朝的统治。陈洪绶的画风奇崛古拙，造型夸张变形，崔子忠则上追唐宋画风，描法细致、设色清丽。“南陈北崔”奇异的人物造型反映了明末绘画的一些特点，讲求造型怪异新奇成为时尚，如花鸟画家米万钟、山水画家黄白坚、人物画家吴彬等，反映了明末画家造型讲求变异的共同趋向，折射出晚明失意文人内心的创痛和桀骜不驯的艺术个性。

陈洪绶（1598～1652），明末画家。字章侯，号老莲、老迟等，浙江诸暨人。少时喜绘画，师蓝瑛，深受赞许。又求理学于刘宗周，后应乡试不中。崇祯十五年（1642）被召至京，入宫廷作画，临摹历代帝王图像，得以纵观内府藏画，后南返。入清以后，入云门寺为僧。晚年迁至绍兴、杭州，以卖画为生。擅画人物、仕女，取法北宋李公麟和元代赵孟頫、钱选。人物形体奇异夸张，神情含蓄，手法简洁质朴，衣纹线条圆长细劲，笔力刚健古拙，用线具金石味，章法不落俗套，大胆突破了前人陈规。亦工山水、花鸟，钩勒精细，设色淡雅清丽，富装饰味。《调梅图》（轴）代表了陈洪绶的典型风格，画二女仆为女主人调制梅汤。陈洪绶的仕女画不重人物个性和形象之别，只有衣裙和发饰之异，画中的女性造型颇为怪谲纤瘦，古拙却不乏灵巧。诸女全无表情并不是作者不善此道，而是通过塑造仕女的如此外部形象反映出作者孤傲不驯的个性和与众不同的审美观。人物的线条作行云流水描，流畅如水，湖石的描法则圆劲稳健，意趣高古。陈洪绶的变形仕女对清末海派仕女画起了范本作用。

崔子忠（1574？～1644），字道毋，号北海、青蚓等，莱阳人，寓居北京，生员。李自成攻破北京后，他走入土室至饿死。他曾师从董其昌，取法晋唐，以仕女、人物为胜。曾作《云中玉女图》（轴），画一玉女立于云中，呈美女面容，是现存崔氏仕女画中的一幅。值得注意的是，崔子忠和陈洪绶一并为晚明变形主义人物画风的代表画家。与陈洪绶相比，崔子忠的人物画造型少怪异之态，形体纤瘦，但内骨坚挺。崔子忠特好追仿五代南唐周文矩的颤笔（一作战笔），玉女的衣纹线条系凝重的弧线，十分精练，四周的浮云用笔繁密，以密衬疏，突出了玉女的身姿，盘旋而上的曲云亦反衬出玉女冷观风云的娴静心态。

皇宫里的纸上风云

宫廷绘画是明代绘画艺术的重要组成部分。明太祖朱元璋建国之初，百废待举，凡事以朴实节俭为准，禁奢侈华靡。京城金陵的三殿、六宫建成，亦不施图画，而令博士熊鼎类编古人行事可为鉴戒者，书于新殿厢壁，命侍臣书《大学衍义》于厅堂走廊，并曰："前代宫室，多施绘画；予书此备朝夕观览，岂不逾于丹青乎？"然而，出于政治教育、树碑立传、宫殿装饰等需要，他也征召天下善画之士，入内廷供奉，绘制历代孝行图、开国创业事迹、御容、功臣像等。有些画家长期供事于内府，如沈希远、赵原、王仲玉、盛著、周位、陈遇、陈远等人；有的临时召入，事毕遣回，如相礼、孙文宗；也有少数画家因画御容称旨，被授官职，供奉于翰林，如沈希远被授以中书舍

《元宵行乐图》（局部）

人，陈远被授予文渊阁待诏。

明成祖朱棣也少谙文墨，然他已开始重视书画艺术的功用。迁都北京后，所营建的宫殿、寺观需要大量负责装饰布置殿门宫壁、室内画屏、窗根楣枋的艺匠，因此曾遍征天下知名画士至北京服务，其中包括画匠、裱工、木工、漆工等技艺之士。为书写诏敕、史册、文翰也需要大批善书之士，如明黄佐《翰林记》卷十九云："永乐二年始诏吏部简士之能书者，储翰林给廪禄，使尽其能，用诸内阁，办文书。一时翰林善书者，有解缙之真行草，胡广之行草，滕用亨之篆、八分，沈度、王汝玉、梁潜之真，杨文定之行，皆知名当世。而三杨用事，各举所知，以相角胜。"朱棣曾试图仿效宋代翰林书画院体制建立明代的翰林书画院，据黄淮《黄介庵集》"阁门使郭公墓志铭"记载："太宗皇帝入正大统，海寓宁谧，朝廷穆清，机务之暇，游心词翰。既选能文能书之士，集文渊阁，发秘藏书帖，俾精其业，期在追踪古人。又欲仿近代设画院于内廷，命臣淮选端厚而善画者充其任。”后因几次亲驾北征而未能实施。然而他对能书善画的入选者也做了安排，外朝华盖、谨身、文华、武英、文渊几处殿阁中，各有因艺事称旨而挂职者。翰林院、工部营缮所和文思院也有隶属者，官衔则有各殿阁待诏、翰林待诏、营缮所丞、文思院使等，如文渊阁待诏陈运、翰林待诏腾用亨、翰林编修朱芾、工部营缮所丞郭纯等人，有的不授官而仅称供事内府、内廷供奉。当时的组织机构和职称升迁还不很完善，仍属初创阶段。

明宣宗宣德年间（1426 ~ 1435），社会安定，经济繁荣，文化昌盛，人才辈出，画坛也十分活跃。宣宗朱瞻基雅好诗文书画，尤擅绘事，经常将御作书画赏赐臣下。“宣德初，上尝亲御翰墨，作春山、竹石、牧牛三图，题诗其上，以赐大学士杨荣，并赐端砚、御用笔墨及白瓷酒器、茶盅、瓦罐、香炉之类。翰林侍读陈粲尝获赐御笔竹菊图。”“帝天藻飞翔，雅尚词翰，尤精干绘事，凡山水人物花竹翎毛，无不臻妙。”皇帝的爱好与倡导，使明代院画日趋昌盛。宣宗以恢复两宋画院盛况为目标，除永乐时召入的供奉画家边文进、谢环、郭纯等人继续留任外，还从江浙一带广泛征召民间高手周文靖、李在、马轼、倪端、商喜、孙隆、石锐等人，一时名家云集。供奉内廷画家除少数安排原机构外，大多隶属于仁智殿和武英殿。所授职衔也有所提高，尤其授以锦衣卫武官名衔，领薪俸而不司军职，有都指挥、指挥、千户、百户、镇抚等级别，官位都较高。嗣后的成化朝朱见深、弘治朝朱祐樘均擅长绘画，“宪庙、孝庙御笔，皆神像，上识以年月及宝”。当时画院内名家也很多，主要有林良、吕纪、吕文英、殷善、郭诩、王谔等人。隶属和授职沿袭宣宗，院画创作题材丰富、风格多样，并形成明“院体”的时代特色，宫廷绘画遂达到鼎盛时期。

明武宗正德以后，随着朝廷的日趋腐败以及画坛上“吴派”文人画的崛起，宫廷绘画日见衰败，至明中期即销声匿迹。画院机构虽存，但名家寥落，大多属于滥竽充数者。由于明代画院主要靠荐举选召人才，无严格考试制度，前期荐举循规蹈矩，若徇情滥举便加惩罚。如宣德元年（1426）边景昭受贿荐举了陆悦、刘生两人，经检发，边景昭被罢为民，陆、刘二人交刑部治罪，上还“命吏部揭榜，示中外，以威荐举之徇私者”。然自正德以后，徇私荐举入院者不计其数，如正德时张健上疏所曰：“画史滥授官职者多至数百人，宁可不罢。”由于宫廷画家升迁无定制，多凭君王及主管宦官的好恶授官，自成化朝始，出现了命中官传旨而得官的“传奉官”，“一传旨，姓名至百十人，谓之传奉官，文武僧道滥恩者以千数”。以后数罢数复，正德后即不可收拾。太监刘瑾专权时，文华殿书办张骏骤擢至礼部尚书，连装潢匠役亦授官秩；“世宗时，匠役徐果，以营造擢官工部尚书，其属冒太仆少卿、苑马卿以下职衔者，以百数。又工匠赵奎等五十四人，亦以中官请愿授职”。滥竽充数和滥授官职使许多有真才实学的人耻与为伍，画院杰才日稀。所知稍有名气者唯正德朝朱端、万历朝吴彬、崇祯朝文震亨，但他们的取材和画风都已游离于“院体”，个人面貌也缺少新意，在画坛几乎不起影响。

历代宫廷绘画作为“御用美术”，都带有明显的政教功能，并适应帝王的好尚。明代宫廷绘画也不例外，在明朝特定的政治、经济、思想、文化背景制约下，“院画”的题材内容和“院体”的风格样式也呈现出不同于前朝的时代特色。概括而言，题材比较广泛；画法主宗两宋院体，呈融合或多元风貌；审美意趣则在皇家气息中掺入世俗格调，具较多故事性、趣味性和装饰性。具体说来，人物画强调宣教功能，富故事情节，画风多样而少新创；山水画兼取宋李、郭和南宋马、夏呈南、北宋融合趋向；花鸟画承绪黄筌、徐崇嗣、崔白及宋元水墨花鸟画等不同流派，在工笔重彩、设色没骨、水墨写意等画法上都有所创新变革。

八、峨冠博带的载体——书籍刊印（上）

兴旺的背后

最迟在唐代中期，雕版印刷术就已经出现并应用于书籍的镂版施印了。其后经五代、宋、元的发展和完善，至明而达于极盛。其间所刻，无论规模之巨、数量之大抑或内容之丰富，皆远逾前代不知凡几。中国古籍刻印史的鼎盛时期出现于明绝非偶然，而是社会政治、经济、文化等诸多因素相互制约的结果，是社会需要的必然。

公元1368年，朱元璋率众消灭群雄，驱逐元统治者至漠北，在应天（今南京）即皇帝位，改元洪武，建国号大明，是为明太祖。明太祖朱元璋出身于农家，苦无学术，但是，在长期的政治斗争中，他深谙“武定祸乱，文治太平”这一封建社会治国平天下的大道。在国事初定的洪武二年（1369），他就诏谕中书省：“朕恒谓国之要，教化为先。教化之道，学校为本。”行教化、施教育，在此可以说是作为基本国策而颁示的。欲行此道，图书的作用就显得极为重要，这是不言自明的道理。因此，朱元璋屡次下诏颁《四书》《五经》《通鉴纲目》《说苑》等有补“教化”的书于学校。朱元璋只能说粗通文墨，但他却写了不少有助于维护封建伦理纲常、冀使明王朝能“永延帝祚”的书。如洪武六年（1373）成《祖训录》，垂训子孙说：“后世守之，则永保天禄。苟作聪明，乱旧章，违祖训，亡无日矣！”在这里，图书成了教育其后代恪守祖宗成法，以使帝位罔替的重要手段。

其实，早在明立国之前，朱元璋就对图书事业显现出了极大兴趣。据明朱国桢《皇明大政记》卷一载：元至正二十四年（1364），朱元璋发兵攻灭陈友谅，即下令访求遗书。明王世贞《命将征讨考》则云：“徐达入北京，封其库府图书宝物。”由此可见，对图书及其教化作用的重视，对朱元璋来说是一个一贯的政策，是其大政方针中的一个重要组成部分。此外，从社会历史发展的角度看，元以北方游牧民族统治中国百余年，文化事业相对落后，书业亦然。据统计，现存元人旧刻不过六七百部，仅及两宋所遗之大半。朱元璋历百难千劫始成“驱逐胡虏，恢复中华”的大业，通过重振书业来复兴汉民族的传统文化，不仅是其统治政策的需要，也是摆在明王朝面前的一个艰巨任务，亦即明代书业极隆极盛的一个更为深刻的社会原因。

明王朝立国之初，采取了一些重要的、有利于书业发展的举措，就是上述政策的具体化。据《明会要》卷二十六载："洪武元年八月，诏除书籍税。"同时免去税收的还有笔、墨等图书生产物料和农器。可见在朱元璋心目中，作为文化事业重要组成部分的书业，与恢复农业生产、解决民生问题是处于同等地位的。洪武二十三年（1390）冬，则"命礼部遣使购天下遗书善本，命书坊刊行"。前者是通过让利于民来刺激书业的发展，后者则是由中央政府组织的、自上而下的大规模图书刊刻活动。从官购图书予民刊刻而言，颇有点民办官助的味道，由此可见明王朝对书业的重视，可以说是不遗余力了。明享国二百七十余年，自洪武至崇祯历十六帝，其间固然不乏昏庸糊涂，乃至胡天胡地的皇帝，但对书业却基本上采取保护、扶持政策，这对明代书业的发展、繁荣也是一个重要的保证。

文祸不断，是中国古代文化史、书史的一大特色。类似事件，明代也时有发生。但查诸史籍，除了攻讦程、周、张、朱之学的"惑世"之说，或直接与政治斗争有牵连的著述，如明成祖诏令焚毁有关"靖难"的史料就是一例，对于民间一般的学术和创作活动，明政府干涉并不多。所以，明代著述急剧增加，丛书、类书的编辑亦十分活跃。清黄虞稷《千顷堂书目》著录明人著作达十五卷，一万五千七百二十五种，而合诸家书目所载，元人著述不过三千余种。其因除明代立国时间较长外，与元代书禁森严亦不无关系。《元史·刑法志》载：“大恶，诸妄撰词曲……凡以邪说左道，诬民惑众者，禁之，违者重罪之。”在《大明律》中则看不到这样的禁令。明万历年间，廷臣冯琦借焚毁李贽著作之机上《正士习疏》，建议：“一切坊间新说，皆令地方官杂烧之。”疏进不纳，才使祖龙之火，未见于明，亦可看出明朝的文禁远不似元及清前期苛峻。著述大增，图书编辑活跃，使书业成为有源之水；文禁松弛，则为书业发展提供了相对广阔的空间。

明代的图书出版政策，比较于元代也是相当宽松的。据清蔡澄《鸡窗丛话》所记：“元时人刻书极难。如某地某人有著作，则其地之绅士呈词于学使，学使以为不可刻，则已。如可，学使备文咨部，部议以为可，则刊版行世，不可则止。”明代则不然，不仅没有这样层层把关、逐级审查的图书出版制度，甚至可以说基本上没有出版前的审查制度。无论官府、私宅、坊肆抑或达官显宦、读书士子、太监佣役，只要财力所及，皆可刻书。以至“数十年读书人能中一榜，必有一部刻稿；屠沽小儿没时，必有一篇墓志。此等板籍幸不久即灭，假使长存，则虽以大地为架子，亦贮不下矣！”多则以滥，不能不说是一个弊病，但也从一个侧面反映出明代刻书之盛。明人刻书，据统计不下两万种，其中明人著述过半数，没有活跃的学术气氛和宽松的出版政策，达到这个程度在那个时代是根本不可能的。

明代图书市场的需求增长，也是一个值得考虑的因素。明太祖出身于农家，了解下层百姓疾苦，建立明王朝后，采取了一系列恢复生产、发展经济、轻徭薄赋的政策，就如他所说："居上之道，正当用宽。"至洪武十八年（1385），粮食产量已是元时的两倍。永乐时经济发展更快，"是时宇内富庶，赋入盈羡，米粟自输京师数百万担外，府库仓廪蓄积甚丰，至红腐不可食"。

"四方百货，倍于往时"，保证了生存需要之后，才谈得上更高层次的图书消费。明中叶之后，资本主义萌芽出现，商品货币经济的发展，手工业者和市民阶层的扩大，通贩贸易的活跃，都成为刺激书业发展的催化剂。手工业者和市民阶层的扩大促使市民文化蓬勃发展。明嘉靖之后，小说、戏曲等通俗文学，就是以市井细民的需要为基础的，"市民文学"的锓梓激增成为当时书业中最主要的品种之一。而在嘉靖之前，此类书鲜见于梓行，其中当然有市场的规律在起作用。社会经济的发展使一部分人在经济上较为充裕，有余资购读书籍，这样，图书的消费群体就更为广泛了。而工商业城镇的兴起和增多，也为图书提供了更多的相对集中稳定的集散地。而图书本身也是商品，商品经济的发展为其提供了便捷的交易手段，图书贸易也更为活跃。明嘉靖《建阳县志》载："书坊街在崇化里，比屋皆鬻书籍，天下客商贩者如织，每月以一、六日集。”说明当时的图书行业已经出现了专事贩运、贸易的商贩。坊肆除了坐店销售自己的图书外，也干起了批发的生意。如织的贩者，大抵类似于今天的书商，在图书流通环节中发挥着重要的作用。明陆容《菽园杂记》云：“国初书版唯国子监有之，外郡疑未有。观宋潜善《送东阳马生序》可知，宣德、正统间，书籍印版尚未广。今所在书版日增月溢，天下右文之象，愈隆于前矣！”陆容为明成化年间进士，以明时人记明时事，应该是可信的。如果说明初是书业的恢复期，那么宣德至正德为发展期，嘉靖、万历至崇祯则为隆盛期，其中又以嘉靖、万历为极盛。毫无疑问，资本主义萌芽在明中叶之后的出现和缓慢成长，对书业的发展是产生了积极影响的。

另外，纸、墨、笔、砚等关系书业兴衰的物质材料也是书业发展的最基本条件之一。举例来说，现今所能见到的元代旧刻，以建宁所出为最多，其地造纸原料丰富、纸张产量较大是一个重要原因。进而论之，元代纸、墨、笔、砚的生产远逊于两宋，书业之不振，也就在情理之中了，正所谓“巧妇难为无米之炊”。当然，和图书有关的材料制作业和书业本来就是相辅相成的关系，材料业的发展可以满足书业的需要，书业兴盛又会刺激材料业的进步。明代，两者之间就是在这样的良性循环中互动的。明代纸、墨、笔、砚的制作，数量之大、制作之精、品种之丰富，皆进入了前所未有的繁荣期。以笔而言，明笔一改元时笔毫软散的习尚，硬毫成为时兴。明陈继儒《泥古录》称："笔有四德，锐、齐、圆、健"，强调的就是笔毫要劲健有力，富有弹性。元及明初刻书，盛行赵（孟頫）体，尤其元中叶之后，有刻几全为赵字风范。明中叶之后，仿宋刻本蔚然成风，字多为欧、颜体。赵体纤弱，笔毫宜柔；欧、颜体遒劲有力，笔毫宜硬。

制笔工艺的改革实则就是当时书法风格的反映，当然也影响到刻书的用字。生产规模扩大，分布地域广泛，新品名笔后来居上，是明代笔业的又一特点。其时，元代始崛起的湖笔如日中天，湘笔之盛，几可与湖笔并驾齐驱。与此同时，京笔异军突起，成为北方笔业的中坚，时人称"南有湖笔，北有京笔"，即此之谓。名笔佳品增多，书家誊稿根据所书字体的需要对笔有了更大的选择余地。明代尤其是晚明有不少精美的写刻本传世，和笔业的进步是分不开的。

明代制墨业一扫元代颓势，制墨名家辈出，流派众多，墨质精良，墨式新奇。有人将此比喻为诗之盛唐，词之宋时，诚不为过。中国古代有关墨的代表性专著，如程君房的《墨苑》、方瑞生的《墨谱》、李孝美的《墨谱》、万寿祺的《墨志》皆诞于明，足证其时墨业之盛。以晚明印本而论，距今已逾三个半世纪，不少传世之本墨色仍显莹润亮泽，宛若新印，可见墨质之佳。

明代的制砚业亦颇发达。入明之后，传统的名砚如端砚、澄泥砚等枯木逢春，再入佳境，一些新开发的砚材亦负盛誉，如北京的潭柘紫石砚、东北长白山的松花石砚、四川的嘉陵峡砚等，名目繁多，无复一一列举。

明代造纸业的发展更可谓盛况空前。清康熙《上饶县志》记明时江西上饶县石塘镇“纸厂槽不下二十余槽，各槽帮工不下一二十人”。也就是说，一地纸坊用工，多达三百至六百人，推及全国，纸业规模之大，可以想见。不仅民间造纸，宫廷内府也造纸。据万历《大明会典》等书载，司礼监有制纸匠六十二人，所制纸品名色有宣德纸、大玉版纸、大白版纸、大开化纸、毛边纸等。造纸业的大发展为明代书业的繁荣做出了巨大贡献。明刘若愚《明宫史》载《佛经一藏》的用纸情况：共需用白纸四万五千零二十三张，黄毛边纸五百七十张，白户油纸一万零三百九十五张。明人喜编印大型的丛书、类书、文集，动辄一部书数百卷上百册。明代产生的一些大型著述，如《三国演义》《水浒传》《西游记》《金瓶梅词话》等白话长篇小说，《本草纲目》《农政全书》等医药、农业著作，《筹海图编》等军事著作都是页数以千计的鸿篇巨制。没有纸张的大量生产，这类图书锓梓传世根本无法想象。

明人对印书用纸颇有研究，或许正因为书业之盛，才引起学者的关注。明朝的大学问家胡应麟在《少室山房笔丛·经籍会通》中就说：“凡印书，永丰绵纸为上，常山柬纸次之，顺昌书纸又次之，福建竹纸为下”，“闽中纸短窄黧脆，刻又舛讹，品最下而值最廉”。明代纸的名色很多，大约逾百种，但除明初承元余绪有过少量的黄白麻纸本外，主要分绵纸、竹纸两类。绵纸以桑皮为主料，竹纸则采用竹子的纤维为原料。刻书常用白、黄绵纸，嘉靖至隆庆年间（1522～1572）用白绵纸多，也有少量竹纸印本，晚明则多用竹纸。一般来说，嘉靖之前的绵纸质佳，纸质莹洁，有如玉版，韧性亦佳；隆庆之后，所制则较为粗厚。竹纸薄且易老化，但绝少虫蛀。明谢肇淛说：“国初用薄绵纸，若楚、滇所造者，其气色超元匹宋；成、弘以来渐就苟简，至今日而丑恶极矣！”所谓“丑恶极矣”，指的就是竹纸。相对于绵纸而言，竹纸质较次而价亦廉。明中叶之后，国用不足、民生凋敝，易绵而用竹，正是物力艰难在书业上的反映。明嘉靖之后，坊刻本大行于世，坊肆为降低成本而用竹纸，是图书商品化的必然结果，谢氏以书论书、以纸论纸，未免有些偏激了。

五花八门的官刻版本

明代刻书系统和前代一样，由官刻、私刻、坊刻三大部分组成。明代官刻可以用“政出多门”四个字来形容。从中央到地方，刻书机构之多，历朝历代皆难与之比拟；刻书内容之丰富，亦堪称历代官刻之最；就数量而言，则仅有清代的殿版可与之比肩。依其刻书机构与版本名目的不同略述之，有如下几种：

内府本。明洪武年间，宫廷刻书多在南京内府镂梓，如其间所刻《元史》《回回历法》《大明日历》等，称“内府本”。明成祖朱棣发动“靖难之变”，逐走惠帝而得帝位，为强化君权，赋予宦官的权力极大。他在宫中设宦官二十四衙门，其中以司礼监权势最为显赫，其不仅代皇帝批阅奏章、传达诏令，亦掌管刻书。由宦官掌管中央政府的刻书事业，是明王朝的一大发明，也是中国书史上绝无仅有的怪现象。明内府一共刻了多少书，因诸家书目所记不一，难有确数。明代刊有《内府经厂书目》，著录经厂贮版书一百一十四种；明宦官刘若愚《酌中记·内板经书记略》著录书目则多达一百七十二种；明周宏祖《古今书刻》载内府书八十三种，几者参照，除去重复，当不少于二百种。较著名的本子有《孟子集注》《大学衍义》《诗集传》《礼记集说》《四书》《贞观政要》《资治通鉴节要》《大广益会玉篇》《古今列女传》《律学新说》《文献通考》《大明一统志》《大明律附例》等，还有《新编古今事文类聚》《居家必用事类全集》等通俗读物。司礼监掌管刻书，大可不吝财用，故选料、雕印、装帧俱佳，多取上好洁白绵纸以佳墨精印，早期印本多为包背装，版式阔大，行格疏朗。字体上承元代遗风，喜用赵体，字大如钱，读来悦目醒神。版式常见有四周双栏、大黑口、双鱼尾，首页钤以“广运之宝”朱文玺印，气象凝重、恢宏，观感上庄严、华美，有很强的艺术性。

不过，自明代至今，很多人都以为经厂本刻印固佳，外形固美，但因宦官不学无术，校勘粗疏，就内容而言，实为金玉其外败絮其中的劣等品。《四库全书总目提要》就评论说：“经厂即内番经厂，明世以宦官主之，书籍刊版，皆贮于此。然大抵皆习见之书，甚至《神童诗》《百家姓》亦厕其中，殊为猥杂。今印行之书尚有流传，往往舛错，贻误后生。善天禄、石渠之任以寺人领之，此与唐朝鱼朝恩判国子监何异！”

指斥明朝廷委司礼监掌管关系天下“文运”的刻书业所用非人，是有道理的，但其刻本中有不少“习见之书”，是否就是“猥杂”却很值得探讨。提供图书供宫内供奉人员学习、诵读，是司礼监的一个重要任务。举例来说，据《芜史小草》卷十六所记，明宣德时，令十来岁的小太监读书，发给《内令》《百家姓》《千字文》《孝经》《大学》《中庸》等书，宫女另给《女训》《女诫》等读本，这些书都是由司礼监刻印的。这既是对太监、宫女们进行的封建伦理纲常的灌输，也是文化启蒙教育，四库馆臣们以“学术”的眼光来看待此类书，实属大谬。在任何时代，通过刻书、印书来致力于文化启蒙，都是无可非议的。

监本。明代监本有南北之分，明成祖迁都北京，南京成为陪都。故南京国子监所刻之书称“南监本”；北京国子监所刊之本称“北监本”。

南京国子监储藏书版甚富。朱元璋定都应天，下令将集中存贮于杭州西湖书院的宋元旧版悉数送往国子监，又集有元各路儒学所存路史版，并自地方上收取书版，其中包括著名的宋绍兴年间刊《眉山七史》版、洪武三年（1370）内府刊《元史》版等。洪武、永乐、宣德年间多次对残缺版片进行修补，有些书版又被工匠窃去，损失亦大，就如明黄佐《南雍志》所记：“本监所藏诸梓，多自国子学而来，自后四方多以书版送入，洪武、永乐时两经修补，旋补旋亡。”即便如此，书版的大量征集和集中毕竟为南监刻书做好了充分的准备。南监所刊图书以《二十一史》和《十三经注疏》为最有名。据考，嘉靖初，南京国子监祭酒张邦奇等请刻史书，除上述宋、元旧版外，又取广东布政史司于成化年间刊《宋史》版付监，自吴下购得《辽史》《金史》善本翻雕及洪武刊《元史》版，遂成《二十一史》，至嘉靖十一年（1532）七月书成。即如柳诒徵《监本史评》所云：“明南京国子监《廿一史》，世称南监本，其中固有宋版者七，元版者十，唯辽、金两史翻刻元版，宋、元两史为明版。”因其由宋、元、明版递修而成，又称之为“三朝本”。《十三经注疏》为儒家经典的集大成之作，对后世的影响也很大。

北监刻书，有常设官员督管，工匠亦有固定编制。弘治年间刊谢铎《国子监续志》称："本监特设典籍一员，以掌书籍，又设印刷匠四名，以给其役，可谓重矣。"但在数量上，北监刻书远比南监为少，《古今书刻》载北监本四十一种；嘉靖《皇明太学志》著录四十七种，合嘉靖之后所刊约在百部。北监本多据南监所刊翻雕，如南监所刊《二十一史》《十三经注疏》即皆予重梓。

两监刻书存在着同一个问题，就是校勘不精，讹舛弥甚，而多贻后世之讥。明末清初学者顾炎武在《日知录》中就说："此不适足以彰太学之无人，而贻后来之讪笑乎！"甚至说："此则秦火之所未亡，而亡于监刻矣！"明沈德符则干脆斥之为"灾木"。不过，两监刻了不少很有学术价值的书。正经正史一刻再刻，对其流通、传世都是有好处的，即便是顾炎武也承认"北监视南稍工。而士大夫家有其书，历代之事迹灿然于人间矣。"又说："宋时止有十七史，今则并宋、辽、金、元四史，为《二十一史》。辽、金两史向无刻，南、北、齐、梁、陈、周书，人间传者亦罕。故前人引书，多用南、北史及《通鉴》，而不及诸书，亦不复采辽、金者，以行世之本少也。两监刻书之有裨学术，嘉惠士林，功在当世，泽及后人，正不必以小瑕而掩大功也！"

部院本。明代中央六部及督察院、太医院等机构，也刻了不少书，可统称之为"部院本"。其中尤以礼部、工部、兵部及督察院所刻为多，如礼部嘉靖年间刊《明伦大典》、兵部洪武年间刊《武经七书》等。明代名相，曾推行“一条鞭法”的张居正为规谏皇帝避恶趋善，学古明君治国之道的《帝鉴图说》，亦于万历年间由礼部付梓。可见部、院刊书，或是出自一定的政治目的，或是为推行其自身职能而服务的。督察院是国家的最高监察机构，它刻了不少书，而且内容相当广泛，兵书、医书、科技书、总集、别集都有。《古今书刻》载其所刻书三十三种，实际所刻，应尚不止于此数。颇为令人玩味的是，督察院竟刊有《水浒传》《三国演义》这样的通俗小说。明中叶之后，皇帝昏聩者多，吏治黑暗，“流寇”蜂起，刊刻此两书，或者希望以之为镜鉴，从书中体悟能剿抚“流寇”的良方。至于明末农民军领袖张献忠“日使人说《水浒传》《三国》诸书，凡埋伏攻袭皆效之”，则为督察院诸公始料之所不及了。此外，这也的确说明当时对刻书的限制不多，相比较于清前期屡禁小说、戏曲，其间的差别实不啻于天壤。明代中央政府的一些其他机构也热衷于刻书，如掌管天象、历法的钦天监，每年都要印行《大统日历》；太医院刻有《铜人针灸图》《医林集要》等医书；御马监也刻有《马经》一类的专业书。

藩府本。这是明代地方官刻中最有特色的一种，也称“藩刻”。明初，太祖朱元璋将其太子以外的二十四子和一个从孙分封到各地，历朝沿袭，形成分封制。这种做法和朱元璋加强中央集权的本意并不相符，并由此酿成“靖难之变”。但对明代刻书业却是一个意外的收获。明朝廷对藩王在政治上的管制相当严厉，朱元璋执政时就申明“唯列爵而不临民，分藩而不锡土”，朱棣取得帝位后，进一步消除藩王的权力，使之成为地位尊崇却绝不允许觊觎政治的特殊阶层。但藩王之国，国家例有厚赐，使其可以姿情享受珍宝盈于后堂、美女充于下陈的生活，同时赐予大量图书，以陶冶其性情、消除其政治上的野心。藩王又可凭借自己的特殊地位广罗珍籍善本，使收藏日丰。如周藩定王橚的六世孙朱睦㮮，家藏书四万余卷，所编《万卷堂书目》十六卷。庋藏之富，绝非一般的私人藏家能比。明黄虞稷《千顷堂书目》就说：“海内藏书之富，莫先于诸藩。”丰厚的物质条件，珍本善本盈于鄴架的藏书，养尊处优，饱食终日而无所事事，使不少藩王沉溺于读书、写书、刻书中，其既可自娱，又可扬名，且能免除朝廷猜忌，实为一举多得。遂使藩府刻书蔚然而成风气，有明一代，始于洪武，迄于崇祯，与大明王朝相始终。藩刻本因遭明末战乱，多有亡佚，现存不过一百余种。张秀民先生在《中国印刷史》中考之于诸家书目所得，不少于五百种，超过了中央官刻的经厂本和监本；就刻家而言，据叶德辉《书林清话》和诸家书目所记，有四十余府。较著名的有秦藩朱惟焯、宁藩朱权、徽藩崇古书院、晋藩志道堂、崇藩宝贤堂、辽藩梅南书院、郑藩朱载堉、沈藩朱载埨、韩藩朱范址、潞藩朱常淓、赵府居敬堂、益藩乐善堂、唐藩朱芝址、周藩朱有燉、蜀藩朱让栩以及德藩、伊藩、汝藩、肃府、山阴王、弋阳王等；从刻书内容上看，为了免除朝廷猜忌，藩刻本中少见有兵书，为政治要方面的书亦仅有《贞观政要》等寥寥数种，绝大多数为经史文集、字书小学、戏曲乐律、诗词曲集、五行杂著以及琴棋书画、炼丹养生一类只谈“风月”的消闲怡情之作。其中不少作品都是中央或地方政府机构所不屑刻的，从而极大地丰富了明代官刻图书的种类。

书帕本。这也是仅见于明代刻书中的版本名目。据明袁栋《书隐丛话》所记：“官刻之风至明极盛，内而南北二京，外而道学两署，无不盛行雕造。官司至任，数卷新书与土仪，并充馈品，称为‘书帕本’。”此类礼品，虽然还说不上君子之交淡如水，在官场酬酢中也很难得了。明初，太祖朱元璋整顿吏治，严刑峻法，官吏贪污纳贿，动辄处以极刑。书帕本的出现，不仅说明当时刻书之盛，亦反映出明初官场还是比较清明的。另顾炎武《日知录》云：“昔时入觐之官，其馈遗，一书一帕而已，谓之书帕。自万历以后，改用白金。”晚明吏治之腐败，亦略见一斑。书帕本作为馈赠礼品，但具书之外形即可，故刻印多草草，所以顾炎武评论说：“其不工反出坊本下，工者不数见也”。此外，明朝地方官员刻书中，还有一种与书帕本相类的情况，这就是明王世贞在《居易录》中所云：“明时，翰林官初上，或奉使回，例以书籍送署中书库，后无复此制矣。”这些本子，大概也是虚应故事，精雕细琢者少。叶德辉《书林清话》就说：“按明时官出俸钱刻书，本缘宋漕司郡斋好事之习，然校勘不善，讹谬滋多。至今藏书家，均视当时书帕本比之经厂坊肆，名低价贱，殆有过之。然则昔人所谓刻一书而亡者，明人固不得辞其咎矣。”

九、峨冠博带的载体——书籍刊印（下）

四海之内皆书坊

在明代书业中，规模最大的一种刻书方式是坊刻。若依其所在地域分类，主要可分为以下几种：

建阳刻本。南宋时，福建置建宁府，辖地中的建安、建阳两县，被称为“图书之府”，可见刻书之盛。宋、元时书坊多集中于建安，入明时已衰，而建阳独盛。嘉靖《建阳县志》称：“书籍出麻沙、崇化两坊，麻沙书坊毁于元季，唯崇化存焉。”又云“书坊街在崇化里”，对建阳书肆的历史沿革，所述甚详。明初，由于国家鼓励书业，一些元代已负盛名的老店皆继张书肆。高濂《燕闲清赏笺》称：“国初慎独斋刻书，似亦精美。”徐康《前尘梦影录》亦言：“正德时慎独斋本《文献通考》细字本，远胜元人旧刻，大字巨册，仅壮观耳。”慎独斋主人名刘弘毅，另刻有《西汉文鉴》《东汉文鉴》等，皆堪称明刻本中的精品。其他如刘氏翠岩精舍、日新堂、叶氏广文堂等，也都是在元代即已负盛名的老店。

建阳书业的鼎盛时期是在明中叶，尤其以嘉靖、万历时称极盛，出现了如余氏、刘氏、熊氏等赫赫有名的刻书家族。其中有些则是历史悠久的刻书世家，如余氏自宋代已操剞劂，明初稍衰，万历年间又大炽，可考者即有余象斗双峰堂、余建泉文台堂、余良史怡庆堂、余泗泉萃庆堂、余近泉克勤斋等二十余家。其他如刘氏安正堂、刘龙田乔山堂、刘氏忠贤堂、熊宗立安德堂、熊氏种德堂、中和堂、诚德堂，也都是建邑名肆。其他如郑、叶、杨、詹、陈等姓坊肆，亦为建邑书林之大家。

建阳书坊所刻图书，经、史、子、集无所不包，尤以小说、戏曲等通俗文学作品为最多，仅《三国》《水浒》的版本就各不下七八种，其他如《唐三藏西游释厄传》《牛郎织女传》《观音出身传》《达摩出身传》《南宋志传》《北宋志传》《大宋中兴通俗演义》等，凡当世所见之小说，由建阳书坊付梓者恐不下八九。医书、士子科举用书、生活用书亦多，这当然和这些书在社会上拥有最广大的读者群有关。至于经史文集，建本传世者亦不少。景泰《建阳县志》称："天下书籍备于建阳之书坊"，并非虚语。是时建本行销天下，无论品种还是数量，皆堪称首屈一指。

建阳书坊中的不少名肆，不仅传刻古今载籍，自己也编书，从而成为编、印、售合一的出版机构。这些书肆的老板本身就是有一定学问造诣的读书人，如余象斗就自称："辛卯之秋，不佞斗室辍儒家业，家世书坊，锓籍为事，遂广聘缙绅诸先生，凡讲说，文籍之裨业举者，悉付之梓。"辛卯之秋为万历十九年（1591），余象斗是在这一年专心从事书业的。他的双峰堂不仅刻印了诸多各种图书，他自己也编印了《万锦情林》《北方真武祖师玄天上帝出身志传》《列国志传》《列国全编十二朝传》等书。种德堂主人熊宗立，字道轩，从当地著名学者刘剡学，著有《洪范九畴数解》《通书大全》等书。刘氏书坊中的名肆乔山堂主人刘龙田，"初业儒，弗售。挟箧游洞庭，瞿塘诸胜，喟然叹曰：'名教中有乐地，吾何多求？'遄归侍庭帏，发藏书读之。"和余象斗相似，同是一位儒生出身的刻书家。受雇于书肆的读书人，也将自己的著述交书肆刻印。如万历时人邓志谟，尝游闽，为建安余氏塾师，编写有《咒枣记》《飞剑记》《铁树记》三部小说；辑录《风月争奇》《花鸟争奇》等七种争奇及《洒洒篇》诸文集，皆由余氏萃庆堂付梓。此类作品粗制滥造，文笔拙劣，但因其寓意尚有可取之处，强调情节性和可读性，在下层民众中拥有相当广泛的读者。

建阳刻书虽多，但因校勘粗略，纸、墨俱劣，在当时就受到读书人的强烈批评。明郎瑛《七修类稿》评之曰："我朝太平日久，旧本多出，此大幸也。惜为建阳书坊所坏。盖闽专以货利为计，凡遇各省所刻好书，闻价高，即便翻刻，卷数目录相同，而于篇中多所减去，使人不知，故一部止货半部之价，人争购之。”用今天的话说，就是盗版成风。盗版犹不足，更加以偷工减料、瞎删乱改，以牟取暴利，难免令人齿寒。明人谢肇淛在《五杂俎》中则说“建阳书坊出书最多，而纸、板俱滥恶”，“板苦薄脆，久而裂缩，字渐失真，此闽书受病之源也”。

金陵刊本。金陵自古为江南重镇，三国时的吴，东晋，南朝的宋、齐、梁、陈，五代十国时的南唐，明洪武、建文、永乐皆建都于此。金陵刻书历史悠久，以明刊本而论，所见最早者为洪武四年（1371）王氏勤有堂刊童蒙刻本《新刊对相四言杂字》，现仅藏于日本。明宣德十年（1435）积德堂刊《金童玉女娇红记》，则为南京所刊戏曲的首开先河之本。但自明洪武至隆庆年间，南京坊肆刻书似乎并没有引人注目的发展。直至明万历时，才进入其最为兴盛发达的时期。

从内容上看，金陵书肆所刊与建阳一样，以戏曲、小说等通俗文学作品为最多。若具体些说，则建阳所刊小说为多，金陵以戏曲更盛。这或许是金陵作为东南的大都会，市民文化发达、戏曲文学在本地拥有更广大的读者群所致。其他如日用读物、医药、史传、文集等，数量虽远逊于戏曲、小说，亦无不有刻。

在金陵书业中，以唐姓坊肆为最盛，据张秀民先生考证有十五家之多，其中又以富春堂、文林阁、广庆堂、世德堂最有名。若论及历史之久远、刻书数量之宏富，则应首推富春堂。富春堂主人名唐富春，系以名名肆。所见牌记多刊署“金陵唐对溪富春堂”“三山街书林唐富春”“金陵三山街唐氏富春堂”等。明万历元年（1573）即刊有《新刻全像增补搜神记》四卷，万历十三年（1585）重刊闽版《对音捷要琴谱》。所见最多的则是戏曲作品，据诸家书目所记，今天所能见到的尚有《观世音修行香山记》《商辂三元记》《昭君出塞和戎记》《韩湘子九度升仙记》《刘汉卿白蛇记》《刘知远白兔记》《徐孝义祝发记》《薛平辽金貂记》《周羽教子寻亲记》《齐世子灌园记》《三顾草庐记》《姜诗跃鲤记》《三桂联芳记》等约五十种上下。据考若总其所刻，当不下百种，堪称是当时戏曲作品的最大刻家。除戏曲外，另刻有传记作品《新镌增补全像评林古今列女传》、志怪小说《新刻全像三宝太监西洋记》以及《大六壬大全》《对类大全》等杂著。

世德堂、文林阁、广庆堂所刊，也是以戏曲文学为主，兼及其他。世德堂大致是在明万历二十八年（1600）前后自富春堂分离出来的，常见刊署“金陵唐绣谷世德堂”“绣谷唐氏世德堂”等，刊有《拜月亭记》《赵氏孤儿记》《赋归记》《双凤齐鸣记》《惊鸿记》《裴度还带记》《李日华南西厢记》等戏曲二十一种；所刻小说较富春堂多，传世有《新刻官版大字西游记》《唐书志传通俗演义题评》《北宋志传通俗演义题评》诸本，另刊有文天祥的《指南录》等书。文林阁主人为唐锦池，有时又别署集贤堂。其较早的刻本有刊于万历十六年（1588）的《新刊汉诸葛武侯秘演禽书》，较晚的有万历二十四年（1606）用徽州旧版施印的《刘向古列女传》及万历三十五年（1641）刊刻的杭州人杨尔曾所辑画谱《图绘宗彝》。所刻戏曲有《易鞋记》《胭脂记》《观音鱼篮记》《四美记》《包龙图公案袁文正还魂记》等十六部，另刊有明王锡爵所撰的《王文肃公文集》。广庆堂主人唐振吾则刊有《窦禹钧全德记》《西湖记》《东方朔偷桃记》《八义双杯记》《武侯七胜记》等戏曲八种。

以上所刊，还是今日可考见的传本，如果加上亡佚之本，四家所刻戏曲，绝不会少于二百种，其对于保存、流传我国古代戏曲作品，是有大功绩的。

明天启、崇祯时，一些万历时即享誉天下的金陵名肆仍在刻书，如万卷楼周如泉于崇祯时刊行《图像本草蒙筌》就是一例。但总起来看，动辄刊书数十种乃至上百种的大型书肆少了，不过书业仍颇兴盛，刻书内容虽然仍以戏曲、小说为主，刻书品种似较万历时更为丰富。如天启元年（1621）蓬溪草堂刊明茅元仪纂《武备志》二百四十卷，就是一部大型的军事著作，其中刊有《郑和航海全图》，是研究中国古代航海史、中外交通史的宝贵史料；

方志书《金陵图咏》《金陵梵刹志》也予锓梓，儒家书则有崇祯时刊行的《圣迹图》；匠作书有崇祯时刊行的《新刻京版鲁班京匠家境》三卷，是中国古代同类书中的代表作；小说则有天启三年（1623）刊《韩湘子全传》，崇祯元年（1628）金陵周氏刊《皇明开运辑略武功名世英烈传》等，戏曲有天启时刊《词坛清玩西厢记》等。此外，明万历初年，西方传教士来华，传教之外，也带来了西方的科技知识，在书业中也有反映。如著名传教士邓玉函的《远西奇器图说》与《新制诸器图说》就有崇祯元年（1628）金陵武位中刊本。意大利传教士利玛窦的《交友论》《万国舆图》也于万历时由南京教堂梓行。虽然非坊刻本，但却是金陵刻书史上的一件大事。

徽州刊本。徽州地处皖南山区，古称新都、新安、歙州，故其刊本史称“徽刻本”“歙刻本”。明时设府，辖歙县、休宁、绩溪等地，所产宣纸、徽墨、歙砚擅名天下，又因此地多山，盛产木材，为刻书准备了良好的物质条件。徽州刻书历史悠久，据陈振孙《直斋书录解题》为《忘筌书》所撰题解：“新安所刻本，凡八十八篇。与《馆阁书目》《诸儒鸣道集》及余家写本皆不同。”宋洪皓《松漠纪闻》附洪遵跋：“先忠宣《松漠纪闻》，伯兄镂版歙越”，证明徽州于南宋时已有私刻本，但南宋及元、明初，书坊刻书并未发达起来，直至明万历时，始勃然而兴，成为当时重要的刻书中心。就如胡应麟所称：

“近湖刻、歙刻骤精，遂与苏、常争价。”谢肇淛亦云：“今杭刻不足称矣！金陵、新安、吴兴三地剞劂之精者不下宋版，楚、蜀之刻皆寻常耳。”对徽刻给予了相当高的评价。当时玩虎轩、观化轩等名肆刻印了大量的小说、戏曲及其他类书，从数量上讲，远逊于建阳、金陵，但因所刻至精，历来皆被收藏家、版本学家所重。此外，万历后徽派版画之精美凌冠当时，也为徽刻在中国版刻史上争得了特殊地位。

杭州、苏州等地刻本。杭州古称余杭、钱塘，宋南渡后称临安。五代时，吴越国主钱俶刊《宝箧印陀罗尼经》，宋“靖康之变”后，大批刻书艺匠南迁，临安成为刻书中心。入明之后，建阳、金陵等地书业大兴，杭州执全国书业牛耳的地位渐失，但出版业仍颇发达，胡应麟就说：“今海内书凡聚之地有四：燕市也、金陵也、阊阖也，临安也。”

明洪武时，杭州坊肆刻书已颇为发达，这当然和明政府鼓励民间刻书及杭州书业基础雄厚有关。其中有些书肆，如众安桥北沈七郎经铺就是在南宋时就已开业的著名书肆。现今所能见到的明代杭州最早刻本为古杭勤德书堂于洪武十一年（1378）冬所刊数学家杨辉的著作《算学五种》七卷，同年又刊《皇元风雅前后集》及《新编翰林珠玉》等。其他如杨家经坊于洪武十八年（1385）刊《天竺灵签》，曲氏嘉靖年间刊《皇明经济文录》，蒋德盛武林书堂万历时刊《敬斋古今注》，继锦堂刊《阳明先生道学钞》等。另如双桂堂、集雅斋、容与堂、钱塘金衙、古杭秋爽堂、夷白堂、藏珠馆、笔耕山房等名肆，自明万历至崇祯年间刊刻了大量的小说、戏曲、画谱等类书。

苏州宋时称平江府，明称苏州府，其地刻书可上溯至南宋绍兴十五年（1145）刊李诫《营造法式》，宋末元初又有《碛沙大藏经》镂版。入明之后，书业更见发达。胡应麟评论说："余所见当今刻本，苏常为上，金陵次之，杭又次之。"又云"凡刻之地有三，吴也，越也，闽也……其精吴为最，其多闽为最，越皆次之"，对苏州刻本的评价是很高的。

相较于建阳、金陵、杭州而言，苏州坊刻在明代兴起较晚，现今所见最早的坊刻本为嘉靖三十三年（1554）东吴书林刊《薛万山先生文录》。其余书坊，则主要活动于万历、天启、崇祯年间。又据胡应麟所记："凡姑苏书肆多在阊门内外及吴县前，书多精整，然率其地梓也。"故明时苏州坊刻，多冠以"金阊"二字。

苏州书坊中以叶姓为最多，见于著录的有叶显吾、叶敬溪、叶瑶池、叶聚甫、叶敬池、叶昆池、叶龙溪、叶碧山、叶启元等，从姓名看，或为兄弟，或可能是同宗族人，其中又以叶敬池和叶昆池最有名，二人皆刊行了大量的小说，如《醒世恒言》《石点头》《南北宋志传》等。叶敬池在万历年间另刊有《李卓吾批评三大家文集》等书。其他诸家亦刊行了大量小说、戏曲以及尺牍、占卜、棋谱等类热销的通俗读物，如金阊舒载阳刊《封神演义》为该书的最早刊本。五雅堂刊《列国志》，嘉会堂刊《墨憨斋批点三遂平妖传》，龚绍山刊《陈眉公先生批评春秋列国志传》等，叶龙溪刊医书《万病回春》，叶显吾重刊《张阁老经筵四书直解》，叶瑶池刊《五车韵瑞》，映雪堂刊《潜确居类书》，酉酉堂刊《明文奇赏》，书业堂刊传奇《南游记》，又刊象棋古谱《桔中秘》，五云居刊《杜工部七言律诗分类集注》等。从内容上看，苏州坊刻本还是相当广泛的；从时间上看，直至天启、崇祯年间，苏州的书业仍相当活跃；而在明万历年间盛行一时的建阳书业此时却已显全面衰微的颓势了。

私家刻书者——毛晋

明初，私家刻本尚少，较著名的本子有郑济、郑洧兄弟于洪武十年（1377）为其业师宋濂刻《宋学士文粹》，洪武十七年（1384）傅若川刻其兄撰《傅以砺文集》、游明刊《资治通鉴》等。明中叶之后，私家刻书之风大炽，尤以嘉靖、正德、万历年间为盛。刻书风气亦为之一变，自元代继承下来的黑口赵字样式日少，盛行翻刻，仿刻宋版，字体仿宋，版心亦变为白口。为什么会这样呢？

正德之后，以李梦阳、何景明为代表的“前七子”

和以李攀龙、王世贞为代表的“后七子”大倡复古之风，一时成为时尚。为了迎合读书人的心态，故刻书也复古。刻书业既然谈不上复秦汉、盛唐之古，既然读书人都以宋刊为最佳，于是就大兴翻宋、仿宋之风。另外，明嘉靖十一年（1532），建阳书坊为牟利而刊刻应付科举考试之书，不仅错漏甚多，且多有故意窜改之处。为此，福建提刑按察司行牒文建宁府：“照得《五经》《四书》，士子第一切要之书，旧刻颇称善本。近时书坊射利，改刻袖珍等版，款制褊狭，字多差讹……即将发出各书，转发建阳县，拘各刻书匠户到官，每给一部，严督务要照式翻刻……再不许故违官式，另自改刊。如有违谬，拿问，追版铲毁，绝不轻贷。”

这股翻宋、仿宋之风首先是由私家刻书兴起的，官府牒文实际上只起了推波助澜的作用。私人刻书家大多也是藏书家、学问家，对文坛上的复古之风最为敏感，反应也最快，故能成为改变版刻风格、复两宋之古的始作俑者，并影响到官刻和坊刻。明嘉靖刊本多为白口，欧、颜字体就是明证。

明代刻书家为数甚多，善本佳刊不胜枚举。如正德五年（1521）苏州陆元大翻刻宋本《花间集》，嘉靖间苏州袁褧嘉趣堂翻刻宋本《大戴礼记》《六臣注文选》《世说新语》。苏献可通津草堂刻《论衡》，钱塘洪楩的清平山堂刻《清平山堂话本》，叶盛菉竹堂隆庆五年（1571）

刻《云仙杂记》《昆山杂咏》等。明中叶之后，私家刻书更为繁荣，刻家之多不胜枚举，而杭州胡文焕、徽州吴勉学、常熟毛晋，则为其卓然大者。诸人中间，尤其是毛晋，最为突出。

毛晋（1598～1659）是晚明私人刻书家中最杰出的代表人物，其原名凤苞，字子久，后改名晋，字子晋，别号潜在，晚号隐湖。其家世居虞山东湖，为当地巨富。他从事刻书，并不是一时的兴之所至，而是视为一生事业之归宿而孜孜以求。据其子毛扆《影宋抄本〈五经文字〉跋》所记："吾家当日有印书之作，聚印匠二十人，刷印经籍。扆一日往观之，先君适至，呼扆曰：'吾节衣缩食，遑遑然以刊书为急务，今版逾十万，亦云广矣'。"在当时要想成为一个出版家，首先就应该是一个藏书家。毛晋对古籍善本的搜求，可以说已经到了如痴如狂的程度。荥阳悔道人《汲古阁主人小传》中说毛晋悬榜于门，榜曰："有以宋刊本至者，门内主人计页酬钱，每页出二百；有以旧抄本至者，每页出四十；有以时下善本至者，别家出一千，主人出一千二百。"远近闻讯，书舶竟集于门，里中谚云："三百六十行生意，不如鬻书于毛氏。"前后集书八万四千册，且多珍本秘籍，就如陈瑚《为毛潜在隐居乞言小传》中所云："上下三楹，始子终亥十二架，中藏四库书及释道两藏，皆南北内府所遗，纸理缜滑，墨光腾剡，又有金、元人本，多好事家所未有。"

毛晋编有《汲古阁珍藏秘本书目》，清黄丕烈收入《士礼居丛书》中，著录虽简约，亦可窥见毛氏藏书之富。正因为有连楹充栋的珍本善本作底本，才使毛晋刻书卓然而凌于众家之上。毛晋刻书，无论对纸张的选择，还是对抄手、刻工的要求都很严格。毛氏传刻之书全用竹纸，他专门到江西订造纸张，薄者叫“毛边纸”，厚者称“毛太纸”，其名至今尚沿用。毛宅中，“僮仆皆令写书，字画有法”“入门僮仆尽抄书”。另据清徐尘《前尘梦影录》载：“剞劂工陶洪、湖孰、方山、傈水人居多。”不言而喻，选佳纸施印，以擅书擅刻者任其事，都是雕版书时代保证图书质量的重要环节。所以清吴伟业《汲古阁歌》称誉说：“比闻充栋虞山翁，里中又得小毛公，搜求遗佚悬金购，缮写精能镂版工。”

自万历晚期至清顺治年间，毛晋刻书逾四十年。据清郑德懋《汲古阁校刻书目》、近人陶湘编《明毛氏汲古阁刻书目录》所记，毛氏刻书共有六百余部，其中既有如《十三经注疏》《十七史》一类正经正史中的辉煌巨制，又有如《六十种曲》《宋名家词六十一种》等重要的总集。《群芳清玩》《山居小玩》一类书亦予付梓，并有《津逮秘书》这样的大型丛刊。清钱曾《读书敏求记》云：“启、祯年间，汲古之书走天下。”更为可贵的是，毛晋刻书不徒为获利计，而是有着相当明确的价值取向，清钱谦益《隐湖毛君墓志铭》说毛晋：“谓经术之学原本汉唐，儒志远相新安，近考余姚，不复知古人先河后海之意。代各有史，史各有事有文，虽东莱、武经以巨儒事钩纂，要以歧枝割剥，使人不得见宇宙之大全，故于经史全书勘雠流布，务使学者穷其源流，审其津涉。其他访逸典，搜秘文，皆用以裨补其正学，于是缥囊缃帙，毛氏之书走天下，而知其标准者或鲜焉。”在刻书之业中贯穿着自己的学术思想，以恢复汉唐旧学为要务，以纠正学术界积弊为己任，在“纂要”“节本”风行于世时，倡导刻印经史巨著全帙，且身体力行之，这样的境界和眼光绝非吴勉学、胡文焕辈所能比。延及今日，不少较具规模的收藏机构都藏有数量不等的毛刻毛抄本，亦从一个侧面反映出毛晋刻书品种之多、数量之大，在明末的私人刻书家中实应推毛晋为第一人。

毛晋所刻之书，版心下多刊署“汲古阁”，间有刊署“绿君亭”。清钱泳《履园丛话》中说：“虞山毛子晋生明季天、崇间，创汲古阁于隐湖，又招延海内名士校书，十三人任经部，十七人任史部，更有欲益四人，并合二十一部者。因此大为营造，凡三所：汲古阁在湖南七星桥载德堂西，以延文士；又有双莲阁在问渔庄，以延缁流；又一阁在曹溪口，以延道流……阁外有绿君亭，亭前后皆植竹，枝叶凌霄，入者宛若深山。”对汲古阁、绿君亭之得名，叙之甚详，从中亦可看出毛晋对校勘的重视。附带说一句，明代私刻本之所以较官刻、坊刻更为后人看重，校勘较精是重要原因之一。陈继儒辑刻《宝颜堂秘笈》自称“余得古书，校过付梓，抄过复校，校过付刻，刻后复校，校后即印，印过复校”。正是由于私刻本校勘较精，其质量高于官刻、坊刻，这确是不争的事实。

不过，后人对毛晋刻本也存在不少批评，孙从添《藏书纪要》云：“毛氏汲古阁《十三经》《十七史》校对草草，错误甚多。”黄丕烈《宋刻李群玉集跋》则曰：“毛刻《李文山集》，迥然不同，曾取宋刻校毛刻，其异不可胜记，且其谬不可胜言。”顾千里《陆游南唐书跋》亦云：“汲古阁初刻《南唐书》，舛误特甚。此再刻者，已多所改正。”叶德辉《书林清话》亦云“其刻书不据宋、元旧本，校勘亦不甚精，数百年来，传本虽多，不免贻佞宋者之口矣”，“昔人谓明人刻书而书亡，吾于毛氏不能不为贤者之责备矣”。这种讦难，可以说是比较尖刻了。

十、柔媚的光辉——青花瓷

有明一代的琳琅满目

明代器具和饰物的艺术风格比较集中地体现在青花瓷器上。青花瓷以其洁白细腻的胎体、晶莹透明的釉色、幽靓浓艳的纹饰、华美丰富的造型而闻名于世，它清新雅丽，质朴率真，最能代表中华民族含蓄而豪迈的民族风格，因而素有“国瓷”之誉。青花瓷的蓬勃兴起是在元代的中晚期，江西省高安、乐安二处元代窖藏的青花瓷器高大完整、瑰丽丰富，使人们眼界大开。明代始，青花瓷一跃而起，成为景德镇彩瓷生产的主流，是我国瓷业生产历史上产量高、应用广、最特殊也最平实的彩瓷品种。它的精品御用于宫廷皇室、达官显贵及祭坛庙宇之中，而一般的产品遍及穷乡僻壤，“进入寻常百姓家”。可以说对内通行于全国上下，对外行销世界各地，雅俗共赏，“贵贱通用之”。

中国瓷器自东汉创烧成功以来，经历了将近两千年的漫长岁月，其发展速度时快时慢，但总是与当时社会生产力的发展密切相关。瓷业烧造作为重要的手工业生产门类，它的兴衰也遵循着社会经济发展及市场需求的轨迹。尤其是入明以后的官营手工业，对于封建王朝的依附性表现得愈益明显。

明洪武、永乐时期是明王朝创业之初，宣德朝继承永乐朝余绪，政局稳定，国力进一步加强，对内休养生息，对外守土保境，特别注意发展农业生产，扶植工商，使社会经济空前繁荣，出现了“吏称其职，政得其平，纲纪修明，仓庾充羡，闾阎乐业……蒸蒸有治平之象”的局面。实际上在洪武、建文、永乐、洪熙、宣德五朝共七十余年中，元末战争中的农奴和奴婢都成为自食其力的自由民，

五彩鱼藻纹盖罐

洪武十八年（1385）就“设抚民之官，颁宽恤之条，令天下郡邑，拓而抚之。天下之民，感戴宏恩，扶老携幼，竞返桑梓”。在政府发展农业生产的号召下，大量的人口纷纷回到生息劳作的土地上，原有的耕地不敷使用。在这种情况下，明政府提倡移民屯田，就是把人口密集地方的农民有组织地迁移到荒芜人少的地方开垦荒地。

在大力发展农业的同时，明政府将发展手工业生产提到了重要地位，并采用了一系列保护手工业者利益的措施，提倡“工技专于艺业”。其中一项重大的变革是放宽了对手工业匠人的限制，部分地解除了元代以来手工业者与封建主之间的人身依附关系。洪武十九年（1386）制定了工匠的轮班和坐住制度，将工匠成年累月地为官府生产变为在规定的一段时间内为官府服务。轮班匠三年一班，

青花海水云龙扁瓶

每班为官府服务不超过三个月；坐住匠每班不超过十天。工匠们在应役之外，余下的时间可以自由支配，“如是轮班各匠，无工可造，听令自行趁作”。这种对手工艺匠人较为宽松的政策，比起元代那种永世为奴的匠籍制度，无疑是社会的一大进步。允许个人自由从事商品生产，刺激了匠师们的生产热情，激发了努力提高技艺水平的愿望，同时也吸引了更多的人加入手工业者的队伍。永乐时，全国在册的官匠已由洪武时的二十三万人增加到三十万人。在矿冶、纺织、造船、造纸、制瓷等方面都有很大的发展。陶瓷业的发展最为迅速显著，并很快地形成了景德镇这样的全国瓷业中心。在这种大背景之下，永乐、宣德两朝的官窑青花瓷也正是以强大的封建经济基础为依托，凭借着御窑厂完备的组织系统和雄厚的技术力量以及被垄断的生产材料，进入了青花瓷业史上的黄金时代。

洪武二年（1369），明政府在江西景德镇正式建立御窑厂后，即投入大批量的生产。《大明会典》载：“（洪武二年）祭器皆用瓷。”洪武七年（1374），明廷为答酬琉球入贡，赐瓷七万件。洪武十六年（1383）赠占城真腊瓷器一万九千件。洪武二十六年（1393）规定，六品至九品官除酒器用金、银等金属外，余皆用瓷器。由此可见当时国内对官窑瓷器的需求量之大。永乐、宣德时官窑业有进一步发展，窑炉由原来的二十座猛增到五十八座，而民营窑炉“近三千所”，如此庞大的生产规模为历代所仅见。在政府的消费导向下，官窑青花瓷的制作愈发不惜工本，精益求精。至此，树立了官窑青花瓷正统、高贵、豪迈、富丽的总体风格，代表了瓷器烧制的最高水平。

永乐、宣德两朝的官窑是自有官窑以来（我国官办窑业始于北宋徽宗时期）最发达最兴旺的官营窑业，并以绝对的优势独步瓷坛。中国瓷业在宋元以前，往往名窑辈出，各具特色，各有千秋。永乐、宣德两朝景德镇官窑的制作水平明显地超过以往各地窑厂，因而形成了“天下窑器所聚”的制瓷中心。所谓的“官搭民烧”“官民竞市”的情形都是发生在明中晚期官窑衰落、民窑崛起的时期。而在官窑业无比兴旺的永乐、宣德两朝，其烧造实力无可比拟。它虽然与民窑同处一个时代，但产品的形制、胎釉、青料、画工诸方面都大相径庭，存在着明显的等级差异。

青花瓷器下西洋

明成祖朱棣为扩大明王朝在海外的政治影响，以明初强大的封建经济为后盾，以先进的造船工业和航海技术为基础，把中国与亚非国家的友好关系发展到了一个新阶段。从永乐三年（1405）至宣德八年（1433），太监郑和奉命率领万人以上的使团和数百艘船队先后七次远航西洋，“浮历数万里，往复几十年”。郑和每次出使都准备了大量的丝绸、铁器、金属货币，而瓷器是主要的品种，通过万里海路向西域远国传播着东方文明。大量的瓷器出口极大地刺激了国内瓷器的生产，更由于国外普遍喜爱青花瓷而使景德镇开始改变“宋瓷尚雅、元瓷尚白”的传统而全力地投入到青花瓷器的生产之中。“青花”一词也是在此时正式出现于文献记载，虽说元代青花已经相当成熟，但没有见诸文献。随郑和出使的随员马欢将途中见闻写成《瀛涯胜览》一书，此书记载“（爪哇）国人最喜用中国青花瓷”“船队到彼，开椟赏赐毕，其王差头目遍谕国人，皆将乳香、白竭、芦芩、没药、安息香、苏合油、木别子之类来换易纻丝、瓷器等物”。郑和的另一随员费信的《星槎胜览》中也多次提到各国购买瓷器的情况，其中购买青花白瓷器的国家有暹罗、柯枝、忽鲁谟斯、榜葛利、大嗅南、阿丹等。“青花”一词在上述游记中首次出现。稍后的《明英宗实录》正统三年（1438）十二月丙寅

《郑和航海图》

条载有“禁江西瓷器窑厂烧造官样青花白地瓷器于各地货卖及馈送官员之家”的记录，此后在明清各类文献著录中才统一了青花瓷的名称。

据史料记载，郑和船队每次所带大批货物一部分代表明政府馈赠给诸国君王，并向他们宣扬明王朝的共修睦好的愿望，同时邀请各国派使节来华；另一部分货物则是与当地人民进行平等的交换贸易。宣德五年（1403）明宣宗为筹办出洋货物颁诏，“敕南京守备太监杨庆、罗智、唐观保、大使袁诚：今命太监郑和前往西洋忽鲁谟斯等国公干，大小缸六十一只，该关领厚交南京入库各衙门一应正钱粮并赏赐诸番王头目等彩币等物，以厚阿丹之国，贡方物给赐价钞买到纻丝等件，并厚下西洋官员买到瓷器、铁锅等人情物价，及随舡合用军火器、纸扎、油烛、柴炭，并内官办使年例酒烛等物。敕至，尔等即照数

铜丝掐珐琅鱼藻纹高足碗

放支与太监郑和……等，关领前去应用，不得稽缓。”当时占城对“中国青花瓷盘、碗等品，纻丝、绫绢、烧珠等物甚爱之，则将淡金交易。”锡兰国对“中国麝香、纻丝、色绢、青瓷盘碗、铜钱、樟脑甚喜，则将宝石珍珠换易”。每当船队到达一国后，并不限于只在国都和大码头进行交易，而是派遣随员的小船分别深入到各国的内地与当地人们进行贸易。《郑和航海图》上所标注的地名极多，在许多偏僻的地方注明“有人家”字样，可见当时贸易范围之广。郑和出使把中国瓷器推向了国外市场，随之而来的是海外市场对青花瓷的大量需求。由于当时民间窑厂受官窑的限制，上等的生产资料被官府垄断，所以制品相当粗劣，既不能作为礼品，也无法作为贸易用瓷，由郑和船队开辟的广阔市场完全由官窑生产来支撑。那么，当时官窑生产能力又是怎样呢？据载，“尚膳监题准烧造龙凤纹瓷器，兼本部官员关出该监式样往饶州瓷器四十四万三千五百件”，一年中一次就计划烧制四十余万件精美瓷器，其生产规模和生产速度的确十分惊人。

郑和下西洋不仅极大地刺激了永宣青花瓷的生产能力，同时对提高这一时期青花瓷的品质、使之达到历史巅峰的水准也起到了不可替代的关键作用。在郑和带回的诸国土产中与明初青花瓷烧造有直接关系的是“苏泥勃青”这种优质的瓷绘原料，而这种青料是此时所独有的。明人王世懋《窥天外乘》中说：“永乐、宣德间内府烧造，迄

黄地红彩龙纹罐

今为贵。其时以棕眼、甜白为常，以苏麻离青为饰，以鲜红为宝。”张应文《清秘藏》则说：“我朝宣庙窑器质料细厚，青花者用苏泥勃青，图画龙凤、花鸟、鱼虫等形，深厚堆垛可爱。”高濂的《遵生八笺》、唐秉钧的《文房肆考》都认为苏麻离青即苏泥勃青，是由南洋传入的舶来品，或来自西域的青料。

按《明会典》载：“苏门答腊国，永乐三年（1405）遣使来贡。五年（1407）至宣德六年（1431）屡遣使来贡。十年（1435）复请封其子为王，贡物石青、回回青。”回回青，即苏麻离青，只是这个名称的译音在明代人温处叔的《陶记》中，便被“苏泥勃青”所替代，清人的有关文献中也称为苏泥勃青，此后一直延用至今。正是这种进口青料的使用使永宣青花的发色有别于历代青花。当然，永乐、宣德两朝的青花瓷也并不是全部使用这种珍贵青料，但绝大多数高品质的青花瓷确是使用进口的苏泥勃青料来发色。由于它亮泽、浓丽、深邃而晕散，具有传统水墨画的韵味，其审美趣味为其他瓷类所不及，堪称青花之最。

浓郁的伊斯兰文化风格

在谈及永宣青花瓷在造型和纹饰上的特色时，不能不谈到它无所不在的伊斯兰文化风格。诚然，这种特殊的风格在当时也吸收了蒙古游牧民族的雄健粗犷和藏族文化的神秘执著，同时保持着宋以来汉族文化的一贯传统，但这一时期青花瓷在追求形制变化、呈现丰富多彩的式样美感以及花纹装饰方面，表现最为突出的还是它从形式到内容的浓郁的伊斯兰文化韵味。这些鲜明的风格特色与阿拉伯伊斯兰世界生产的各种质地的工艺美术品如出一辙，有百分之七十的永宣青花瓷在造型方面可以在西亚地区的金银器、铜器、玻璃器、陶器、木器中窥寻到渊源范本。

事实上，在大量的青花瓷随郑和船队远销中东、西亚等国时，他们的王朝也频繁遣使来中国朝贡，带来了异域精美的工艺品。据统计，永乐朝二十一年中各国使者来华七十九次，平均每年近九次。这一时期来华使团不仅数量多而且规模大。据《明史》记载，“永乐九年七月甲申满剌加国王拜里迷苏剌率其妻子及陪臣五百四十余人入朝”；永乐二十一年九月“西洋古里、忽鲁谟斯、锡兰、阿丹、祖法儿、剌撒、不剌哇、木骨都束、柯支、溜山、喃勃利、苏门答剌、阿鲁、满剌加等十六国千二百人贡方物到京”。

外国使团进献的精美绝伦的金银器、铜器使明成祖欣喜异常，命令宫廷画师参照设计成青花瓷器的装饰画样提供给景德镇烧瓷艺人，烧成大量的成品再回赠给各国贡使和国王。一部分随使团来华的穆斯林商人更精明，他们根据海外市场的需求，亲自携带画样，大批定烧青花瓷后直接在港口装船运往西亚各国，于是便有了在中国本土生产的、带有伊斯兰文化风格的青花瓷在西亚和中东地区风靡一时的热潮。目前在伊朗、土耳其等国出土和传世的永宣青花瓷数量很多；在美国、英国、日本等著名的博物馆也有少数收藏，其总数甚至超过我国本土的收藏。最著名、最集中的收藏是伊朗的阿迪比尔神庙博物馆和土耳其的伊斯坦堡托普卡匹、萨拉依博物馆，这里的收藏品都是质量上乘的高档官窑制品，绝大部分是明政府赏赐给国王的礼品。在造型和花纹上完全采用阿拉伯式样，即使是描绘中国传统的花卉也采用伊斯兰人图案格局。比例完美，节奏起伏，紧密交织中具有规律性变化，艺术感染力很强。

永乐、宣德两朝推行开放政策，当时又是伊斯兰文化的鼎盛时期，异常频繁的友好往来加深了与各族人民的理解，包括审美品味、生活习俗、图案造型、人文地理、服饰装束等诸多方面。这种文化倾向反映在青花瓷的烧制上，首先是为了迎合伊斯兰社会的消费市场，以瓷器的流通为纽带，加强了与外界的联系，从而达到“以我为主，万国来朝”的政治局面，最终实现明初皇帝建立不朽基业的大明帝国的目的；其次，海外巨大的市场需求又反作用于国内的生产能力，极大地促使青花瓷在数量上和品质上空前地提高，这种高效的良性循环又是与明初的社会环境分不开的。

明政府出于经营西域的目的，对伊斯兰教采取了比以往朝代更加宽容的保护政策，当时虽然禁止使用胡服、胡语和胡姓，但仍然重用回族人担任政府要职。明王朝开国功臣常遇春、胡大海、沐英、蓝玉、冯胜、丁德兴等都信回教，郑和、铁铉也是穆斯林。洪武初年，敕修礼拜寺于西安、南京、滇南及闽、粤等地，并御书《百字赞》褒颂伊斯兰教和穆罕默德。“洪武二十五年（1392），召赛哈智赴内府，宣谕天经于奉天门。奉旨每户赏钞五十锭，绵布百匹，与回回每分做二处，盖礼拜寺两座。如有寺院倒塌，随时修，不准阻滞，与他住坐，凭往来州县布政司买卖，如遇关津渡口，不许阻滞，钦此！”永乐五年（1407）成祖颁布保护伊斯兰教的敕令，“谕米里哈之：朕唯人能诚心善者，必能敬天事上，劝率善类，阴翊皇度，故天锡以福，享有无穷之庆。尔米里哈之，早从马哈麻之教，笃志好善，导引善类，又能敬天事上，益效忠诚，肴兹善行，良可嘉尚，今特授尔以敕谕，回回所在，官员军民一应人等，毋得慢侮欺凌，敢有故违朕命慢侮欺凌者，以罪罪之。”该敕谕碑在泉州清凉寺、福州清真寺、苏州太平坊清真寺均有保存。

为了加强与西域诸地的往来，明政府重新制定了或比年、或间一年、或三岁辄入贡的新条例，并提高西域商旅的贡使待遇。中原市场广阔，利润丰厚，一斤回回青可卖二两白银，六把普通的回回木梳可换一匹绢。高额的商业利润发挥了意想不到的作用，《明史·西域传》记载：“由是西域大小诸国莫不稽颡称臣，献琛恐后。又北穷沙漠，南极溟海，东西抵日出日没之处，凡舟车可至者，无所不届，自是，殊方异域鸟言保雠之使，辐辏阙迁。”“其载货之车，多至有余辆”。永乐、宣德二朝往来道路无虚日，开创了与西域诸国“贡赐”贸易的新局面。曾以游牧为主的回回民族，以天幕为帐，大漠为床，在他们长期的游牧生活环境中唯一需要拥有的是日用物品，这些物品受到珍视。他们擅长制作便于携带的精致的手工艺品，如地毯、陶器、玻璃器、金银器、水晶、牙雕等，随着东来的回回这些物品大量涌入我国。精于此道的手工艺匠人以他们精湛的艺技给明初的染织、制瓷、镶嵌、铸造等行业注入了新的生机活力，永宣青花正是在这种开放交流的社会大环境之下，融合、吸纳了大量的伊斯兰手工艺品的造型和纹样而展示出浓郁的异域风格。

就瓷器的装饰而言，自汉唐以来在与外域文化的相互融合中，一直是以汉族文化为主体，完全模仿的装饰多是局部或点缀，唯独永宣青花瓷器由于历史的、社会的、文化的诸多方面的原因，在与伊斯兰文化的相互融合中，出现了短暂的以外来文化为主体的倾向。道理很简单，当时与西方文化交往的主要对象是伊斯兰世界，而白地蓝花的装饰效果寓意着纯洁和高尚，深受帖木耳帝国和伊斯兰世界的喜爱，而为迎合伊斯兰巨大的消费市场广泛地使用这种装饰则成为必然，永宣青花在明政府的外交政策中充当了“和平使者”。与此同时，它那高雅不俗的格调和动人心魄的形式美在赏赐、外销的同时也深受明朝皇室和贵族士大夫的称颂。这种以外来文化为主的倾向与长期奔波于阿拉伯与中国之间的商人也有很大的关系，回族人素以精明练达、吃苦耐劳的商业民族而著称于世，在与各地区人民的交往中深知他们的需求，于是出现了为适应出口而采用大量的伊斯兰风格的造型与纹样的装饰时尚，这种情形在大量的传世品和景德镇御窑厂遗址中得到了印证。许多永乐、宣德两朝独有的形制和花纹都能在伊斯兰古代文物中找到它们的渊源踪迹。

十一、华夷交融，中西碰撞

西方儒者——利玛窦

明末，没有一个西方人在中国的影响有利玛窦那么大，他被尊称为“利西泰”，被明末士人视为西方的儒者，得到明神宗的召见。实际上他到中国的真正目的是传播天主教，但他在中西文化交流史上的作用胜于有限的传教成绩。

近代以前，中国的学术文化与外部文化有两次大规模的接触：一是魏晋时期佛教传入，在中国扎根，最终佛教被改造成本土信仰之一。受印度佛学的影响，逻辑学、音韵学等专门学问在中国兴起；二是明末清初，这是中国历史上中西文化交流的又一个高峰期，大批耶稣会士来到中国传播“天学”，对于世界文化交流起了积极作用。利玛窦就是这些传教士中最著名的一个。

利玛窦于嘉靖三十一年（1552）出生于意大利的马

塞拉塔城，从少年时代开始就进入本城的耶稣会学校学习。十六岁到罗马学习法律，同时在耶稣会主办的学校继续学习哲学和神学，师从著名数学家学习天算。15～16世纪正值新航路开辟、地理大发现的世纪，各基督教团体也急欲使亚洲等地区成为新兴的“福音”之地，因此组团招募人员到远东传教。利玛窦自愿加入传教团体，万历五年（1577），他报名参加耶稣会往印度传教的教团。在葡萄牙候船期间他进入耶稣会士训练东方传教团的中心——高因利盘大学短暂学习。至此，他已拥有了丰富的神学、哲学、历史和自然科学知识。

万历六年（1578）三月末，利玛窦从里斯本出发，同年九月中旬到达印度的果阿。在果阿居住四年后，耶稣会负责东方教务视察员派他到中国传教。万历十年（1582）四月，利玛窦从果阿出发，四个月后到达葡萄牙在中国的根据地澳门。在利玛窦之前，耶稣会传教士为了进入中国已经进行了长期艰苦的努力。

第一个到达广东沿海试图进入中国境内的西方传教士是方济各·沙勿略，他于嘉靖二十八年（1549）抵达日本鹿儿岛，意识到中国文化在东亚的统治地位，中国才是传播基督教义的大有作为之地。为了踏上中国大陆，他做了种种努力，但终其一生，足迹仅到达距广州不远的上川岛，没能跨上大陆本土。直到万历八年（1580），传教士们才稍稍打开僵局。意大利传教士罗明坚随同葡萄牙商人进入广州，万历十一年（1583），他和利玛窦一起来到广东肇庆，着手建立在中国大陆的首个根据地。尽管得到了知府的支持，但当地士绅百姓的抵触情绪非常大。他们采取了缓和矛盾的办法，尽可能研习中国文化，将基督教义融合进中国的古代经籍之中，从《中庸》《诗经》《周易》《尚书》等书中摘取有关“帝”的条目，等同于西方基督教义中的天主。利玛窦为吸引中国人目光，公开展览西方先进的机械制造产品和科技成果，如钟表、三棱镜、圣母像、地图等。为了适合中国人“中国是中央帝国”的观念，利玛窦还改变了世界地图在西方的原始面貌，使中国刚好位于地图中央。这些引起了中国人的浓厚兴趣，于是利玛窦的住宅门庭若市，他在利用自己所学的知识致力于制造天球仪、地球仪的工作中，不知不觉地成为西方先进自然科学知识的传播者。他同时学会了与中国士绅相处的技巧，他颂扬中国文化的博大精深，糅合中西方两种哲学观念，并用西方的钟表、地图等先进科技产品作为“敲门砖”敲开了贵族、官员的大门。他们在肇庆建立了在中国大陆的第一座教堂。

但是，阻挠西方传教士的势力非常强大，中西方两种文化对抗激烈，罗明坚在绍兴、桂林均遭到当地官绅的反对，只好铩羽而归，同时肇庆当地官员因担心惹祸上身而放弃了对传教士的支持，肇庆、广州爆发了针对传教士的抗议活动。利玛窦在这两个地方无法立足，于是挑选了一个繁荣的小城市——韶州，在粤北建立了又一个传教中心。利玛窦采用的办法是彻底地中国化，他穿儒服，兴建中国式的教堂，但韶州的反传教士事件依旧层出不穷。利玛窦决定到别处争取支持，他跟奉召赴京的兵部侍郎石星一路北行到达南京，但一个外国人除非有进贡这样的理由，否则在北京和南京两个都城都无法立足。果然，兵部侍郎徐大任立即命令利玛窦离开南京。

利玛窦沿江返回南昌，出人意料的是，他在南昌取得了极大的成功，他与分封在南昌的皇族后裔建安王和乐安王建立了友好的关系。王室成员、各级官员都对地球仪、玻璃器皿、西式装订的书籍等礼物极感兴趣，利玛窦便在自己的住宅再一次举行“科普”展览，表演先进的记忆方法，出版《交友论》，选择适合中国人伦理观的西方伟人语录加以刊行。他放弃建造教堂、公开传教的方法，进一步用中国自早就有的“上帝”偷换“天主”概念。

利玛窦深入到中国的知识分子中间探讨各种哲学问题，但他的传教效果不大，这使他意识到，只有获得皇帝的许可，传播福音的事业才能真正展开，否则会在一夜之间遭到禁毁的厄运而前功尽弃。利玛窦的想法得到本部有关负责人的支持，他们在澳门搜集各种精巧的礼物带到南昌。万历二十六年（1598），利玛窦随同前任南京礼部尚书到达北京，但没有丝毫进展，不得不绝望地返回南京，继续在官员王忠铭的庇护下生活。他深入中国人的文化之中，旁观儒生的祭孔活动，与达官贵人关系良好，一如在南昌的生活。唯一的改变是他在官员、文人集会时公开宣扬基督教义和西方的风俗习惯，分发彩绘圣像，每每引起激烈的辩论。他同时动手编辑又一本格言集《二十五言》，刻印后广为发行。一部分较易接受新生事物者对新的哲学神学极有兴趣，基督教的影响进一步扩大。万历二十八年（1600），利玛窦带领部分随行人员再次向北京进发，他们在临清遇到税监马堂的阻挠，等了足足三个月后，终于通过支持他们的官员的努力，获得万历皇帝侍从的允许，直接到皇宫觐见皇帝。

万历皇帝对利玛窦的礼物兴趣十足，他特别在皇宫内为自鸣钟盖了一座钟楼，并详细询问西方的风俗人情。但是，他们突然遭到逮捕，因为外国人觐见皇帝本属礼部官员的职掌范围，而利玛窦一行绕过礼部走了捷径。在支持传教士官员的帮助下，利玛窦直接给皇帝上了一个奏折，他们被允许在北京长期居住，明政府还每隔四个月给他们发一次津贴。

利玛窦开始了广泛的传教活动，他们的足迹上至达官贵人的府邸，下至穷乡僻壤，大量发行教义的宣传物。万历三十五年（1607），北京的教徒已有四百多人，徐光启、李之藻等著名人物也受洗礼入教。各地的抗议活动依然此起彼伏，两种文化的冲突仍在继续。万历三十八年（1610）三月，利玛窦因病在北京去世，万历皇帝在北京拨出一块墓地，利玛窦今天依旧长眠于北京阜城门外。

传教士们传教的步伐并没有因利玛窦之死而停止，天文、历法、地理、医学、水利等各种西方学术著作陆续被翻译到中国，利玛窦本人与徐光启合译的《几何原本》《测量法义》，与李之藻合译的《浑盖通宪图说》《同文算指》等书也带给中国人新的思维方式。而中国的文化又借传教士之笔传到欧洲，影响所及使得法国启蒙思想家、百科全书式的文化大师认为中国是理想的乐园。直到清初乾隆皇帝实行严格的锁国政策，中西方的文化仍然交流不断，为世界文化史添上了灿烂的一页。

西学东渐与东学西渐

明末清初外国传教士写了许多著作，如在天文历算方面，有利玛窦著《浑盖通宪图说》《经天该》；邓玉函著《测天约说》《黄赤距离表》《正球升度表》《大测》等；罗雅谷著《月离表》《日表》《月离历指》《日历指》《黄赤正球》《五经表》《五纬历指》；邓玉函、龙华民、罗雅谷等共修《崇祯历书》一百卷；龙华民著《地震解》；熊三拔著《简平仪说》《表度说》；汤若望著《浑天仪说》《星图》《恒星表》《测日说》；南怀仁著《康熙永年历法》《赤道南北星图》等。在数学方面，有利玛窦的《几何原本》《同文算指》《勾股仪》《测影

徐光启和利玛窦画像

法仪》；艾儒略的《何要法》；杜德美的《周经出率》；穆尼阁的《比例四原新表》《比例对数表》等。在物理学方面，有邓玉函的《奇器图说》《诸器图说》，有重心、比重、杠杆、滑轮等仪器的简单构造；汤若望的《远镜说》最早带来望远镜。在地理学方面有利玛窦的《万国舆图》、艾儒略的《职方外记》、南怀仁的《坤与全图》、雷孝思测制《皇朝与总图》及各省分图。在哲学方面，有傅讯际著《名理探》，高一志著《斐禄江答》《西学修身》等，这些书是最早介绍给我国的苏格拉底哲学著作。在神学方面，有利玛窦著《天主实义》、安文思和利类思著《超性学要》、阳玛诺著《圣经直解》、艾儒略著《天主降生言行纪略》、贺清泰译《古新经全书》等，这些著作对于西学在中国的传播起着重大的作用。

明末传教士把西方先进的科技带到中国来的同时，他们对中国古文献也产生了浓厚的兴趣，大力进行研究和翻译，在欧洲产生了巨大的影响。中国古文献所反映出的儒家思想及其自然观、道德观和政治理想成为欧洲一代风流的思想旗帜，曾经对启蒙运动、法国大革命和德国哲学革命起过相当重要的作用，影响了一代又一代的欧洲思想家。因为18世纪以前的欧洲笼罩在基督教文明之下，人们对基督教所宣扬的上帝只是痴信和盲从，基督教神学占据着人们的头脑和心灵，造成了人们的愚昧和无知。但到18世纪时，欧洲资产阶级已作为历史主角登上了舞台。他们不承认任何外界的权威，不管这种权威是什么样的，一切都必须在理性的法庭面前为自己作辩护或者放弃存在的权利。此时，理性主义和自然神论思潮开始在神权、专制君权统治下的欧洲大地蓬勃兴起，这个时代在文化上的特点是要以哲学推倒宗教、用理性取代上帝的权威。在这种历史背景下，传教士介绍到欧洲的不同于基督教文明的中国传统文化，使欧洲许多激进的知识分子强烈地感受到中国传统文化的某些内容与当地流行的理性主义自然神论相类似，因为中国传统文化尤其是占统治地位的儒家文化推崇的是“理”而非“神”。这样，中国的传统文化无疑就成了他们取证的榜样，他们也从中找到他们观点的旁证，从而坚定了他们的观念和斗志，丰富了他们的学说。

来华的传教士在翻译中国古文献典籍的同时，还对中国的历史和现状做了详尽的描述和深入细致的研究，并编成书在欧洲以译著的形式出版。举其要者就有西班牙传教士门多萨（1487～1537）的《大中华帝国史》；葡萄牙耶稣会士安文思（1610～1677）的《中国新经闻》；意大利传教士卫匡国（1614～1661）的《中华上古史》；法国传教士冯秉正（1669～1748）的《中国通史》和戈罗西（1738～1823）的《论中国》等。特别是18世纪来华的法国传教士撰写了大量书信和著作，后由他们的耶稣会士同伴加以整理出版了被称为有关中国的三大名著，即《耶稣会士书信集》《中华帝国志》和《中国论丛》。

传教士们的这些工作，特别是其中所反映出来的中国哲学思想，开阔了欧洲人的视野，启迪了欧洲的思想界。有学者认为，没有中国的影响，很难想象法国启蒙运动的哲学家将如何产生。启蒙思想家所崇尚的“理性”和“自然规则”等概念与中国古代哲学有着千丝万缕的关系，正是受中国哲学思想的影响，欧洲启蒙运动的领袖构筑了自己的理性王国作为批判封建主义的思想武器；哲学家则从中提炼有益的思想滋养，以建立新的思维模式。伏尔泰曾以传教士的著作为素材，撰写了具有反封建思想的《风俗论》，他还根据传教士著作中所提到的中国古史纪年以反对《圣经》的权威；被称为“德国哲学之父”的莱布尼茨（1646～1716）是德国古典唯心主义哲学的先驱。他虽然没有到过中国，却通过来华的传教士了解了中国并积累了有关中国历史、哲学、宗教、文化科学及习俗等方面的丰富资料和渊博知识，并把其中的一部分编辑成《中国近事》出版。同时，他还与在华传教士频繁通信，询问并探讨他感兴趣的一切问题。比如他曾与传教士白晋在通信中探讨过《易经》，发现《易经》中的阴阳变化与其发明的“二进制”数学原理相契合。一般认为，他的名著《单子论》有《易经》的影响。莱布尼茨的学生——德国唯心主义哲学家克里斯蒂安·沃尔夫（1679～1754）曾于1721年发表了一篇论中国实践哲学的演讲来宣扬唯心论的观点，以孔子的道德教训为例，证明人的理性凭自身的努力有能力达到道德上的真理。德国狂飙突进运动的理论灵魂赫尔德（1744～1803）是一位重要的语言哲学家，在他的主要著作《人类历史哲学大纲》中，专有一节论及中国，其认识来源也同样是来华传教士的报告。

对于中国古代哲学思想在欧洲传播所造成的影响，李约瑟在题为《中国文明》的讲演中认为：“当余发现18世纪西洋思潮多系溯源于中国之事实，余极感欣慰。彼18世纪西洋思潮潜流滋长，固为推动西方进步思想之根据，17世纪中叶耶稣会友，群将中国经籍译成西文，中国儒家人性本善之哲学乃得以输入欧洲。吾人皆知彼启蒙时期之哲学家，为法国大革命及其后诸种进步运动导其先后者，固皆深有感于孔子之学说，而曾三复致意焉。”英国学者胡克在《关于中国文学和语言的推测》一书中指出，欧洲启蒙思想家所推崇的“理性”一词即来源于中国，儒教关于伦理道德和注重教育的学说，鼓舞了启蒙思想家去追求理性与智慧，反对愚昧和盲从。

除了博大精深的中国思想之外，无尽的中国文学宝藏，如诗歌、辞赋、戏曲、小说等各类文学题材丰富多彩，内容详尽而完备，对西方的文学也产生了重大的影响。传教士西传到欧洲的中国文学作品激发了欧洲文学家的想象力，使他们获得了新的文学灵感，并得以寻求到新的题材，从而创造出新的人物。

最先介绍到欧洲的中国戏剧是法国马若瑟神父1731年翻译、1735年发表的法文本《赵氏孤儿》。它的问世为醉心东方文明的西方作家提供了新的文化取向，激励了他们新的灵感和新的审美情趣。伏尔泰就是以此为素材创造出《中国孤儿》这部颂扬中国道德和儒家文化的剧作，轰动了当时的法国剧坛，并在其他欧洲国家的文学界产生了较大的影响。英国、意大利及欧洲其他一些国家也先后出现类似的改写本，从而使它成为中西文化交流的最先使者，其意义自然是十分深远的。

传教士西传到欧洲的中国文学作品对德国文学界产生的影响尤为明显，特别是对德国巴洛克文学时期的几部有关中国题材的小说提供了素材，比如德国作家哈格多思的小说《伟大的蒙古人》所依据的，就是意大利传教士卫匡国所写的《鞑靼战记》。再比如首先提出“世界文学”理想的德国文学家歌德（1749 ~ 1832），曾接触到了一些译成西文的中国文学作品，并由此对中国有了更多更深的了解，对中国文学产生了浓厚的兴趣，并进行过认真的研究。他读过《好逑传》《花笺记》《玉娇梨》和《百美新咏》等被传教士译成了德文的中国文学作品，他还据此写成了颇有中国情调的组诗《中德四季晨昏咏》，借写自然美景抒写文人情怀和诗人的中国情怀，表现了作者对古老东方的向往。狂飙突进运动的另一位代表作家、与歌德齐名的德国诗人席勒（1759 ~ 1850）对中国圣人孔子及其思想格外关注。1795年和1799年，席勒曾先后写下两首《孔夫子的箴言》，托孔子之名阐释自己的人生哲学和时空观。除歌德、席勒外，海涅、冯塔纳、德布林、黑塞、布莱希特等许多德国著名文学家也都创作过与中国相关的作品，或者说，他们的创作都与中国和中国文化有一定的渊源。

由传教士介绍到欧洲的中国文化，特别是中国的艺术，还导致了17 ~ 18世纪的欧洲产生了一股“中国热”，中国的服饰、工业乃至园林等自然的或人文的景观都引起了对这个文明古国抱有好奇心的欧洲人的兴趣。西方美学家追寻中国风尚，收藏家崇尚中国艺术，整个西方都掀起了一股“中国风”。中国的瓷器、丝织等工艺品传到欧洲后风靡一时，甚至法国国王路易十四本人在1667年的一次大典上也穿中国装，化装成中国人，其情妇彭帕都尔夫人则养起了中国金鱼。中国趣味不但流行欧洲宫廷，而且走向十字街头，成为当时社会的一股风尚。

18世纪初，上层的欧洲人以中国筵席宴请宾客为荣，欧洲宫廷贵妇则整天不离中国折扇，并且此时的欧洲还兴起了园林中国化运动。德、法等国在风景园中仿建中国化的宝塔与榭台楼阁，垒起了假山，种上了月季、石竹等植物。受到中国服饰、陶瓷等物品上中国画影响的西方风景画家，如华笃、拉摩脱、高博等人，向社会奉献了以中国手法画的新作。“中国风格”“中国趣味”成了人们普遍的崇尚，以优美、生动、自然为特色的“罗柯柯风格”延续了一个世纪之久。“在罗柯柯时代的心理中，中国是一个模范国家，它唤起了欧洲一般社会以一种假想中快乐的人生观，给欧洲的革命铺平了道路。”正如有些中国学者所总结的那样，“不管怎样，18世纪总是欧洲最倾慕中国的时代。中国工艺品导致了欧洲巴洛克风格之后的罗柯柯风格，中国建筑使英法各国进入了所谓的‘园林时代’，中国的陶瓷、绘画、地毯、壁饰遍及各地，直接、间接地推动了西方工业革命”。

在中西科技交流中，传教士所介绍的中国植物学、医学对欧洲的影响也很大。随着传教士的陆续来华，17世纪相继出版了金尼阁、曾德昭（1585～1658）、卫匡国、卜弥格（1612～1659）等人有关中国的著作。在他们的书中，经常提到中国的植物。葡萄牙耶稣会士曾德昭曾在中国长期居住，他撰有《大中国志》一书，描述了中国特有的水果，如荔枝、龙眼和柿子等；波兰耶稣会士卜弥格在植物学方面颇着功力，1656年他在维也纳出版了《中国植物志》，较早讨论了中国的植物和动物；尤其是法国耶稣会士植物学家汤执中和韩国英二人在中西植物学的交流方面做出了杰出的贡献。汤执中经常在北京郊外进行植物考察，采集种子。除了植物考察外，他还研究过中国植物志，寄给当时著名的植物学家朱西厄（1699～1777），后来被进化论的创始人之一拉马克所使用。法国耶稣会士韩国英在植物学方面也有许多贡献，1776～1814年出版的《中国论丛》一书介绍了许多中国植物，主要就是他提供的资料。

中医是人类的伟大遗产，包含有极其丰富的辨证治病知识，欧洲人对中医的了解，主要是通过来华传教士来了解的。波兰耶稣会士卜弥格在中国传教多年，他从小就对医学有深入的了解，他撰写了许多中医和药物学的著作，他曾清楚地解释了通过把脉来诊断疾病的医术。脉诊不仅能诊断出疾病的类型，还能预知疾病的未来发展和结果，这和欧洲的诊断方法大不相同。卜弥格曾把荷兰东印度公司医生克勒耶整理出版的《中医示例》译成拉丁文，此书系统地介绍了中国古代的脉学。这篇论著后来成为英国著名医生弗洛耶（1649～1734）研究的基础。

十二、紫禁城与拙政园——建筑的两极

巍峨紫禁城

明代北京城是在元大都的基础上加以扩建和改造的。明成祖朱棣夺取帝位后，为了巩固统治，下令营建北京城，由陈硅和吴中负责规划和建造垒城。这时，对于都城的规划已经有了历代祖传的规矩，而且在北京又有元代留下来的基础，这就是：皇城居中、前朝后市、左祖右社的格局。

永乐四年（1406），北京城的营建开始动工，永乐十九年（1420），明成祖正式迁都北京。北京城由外城和内城衔接组成，平面呈“凸”字形。北京外城东西7950米，南北长3100米；南面设右安、永定、左安三门；南面东西两端各设一门，东为广渠门，西为广宁门；北面东西两端为东便门和西便门；中间三门即内城的南三门。内城东西6650米，南北5350米。内城南设宣武、正阳、崇文三

北京宫城图

门；东西各设两门，东为东直门和朝阳门，西为西直门和阜成门。这些城门都设有向外的箭楼和靠内的城楼以及城墙围合而成的瓮城，里面驻扎军队，是城防的中心。皇城位于内城的中心稍偏南，东西2500米，南北2750米，南边设有天安门。皇城以内沿轴线及其两侧的即是宫城，也就是现在的故宫。宫外有坛庙、禁苑、寺观、衙署、宅邸等建筑和园林。

北京全城由一条8千米长的中轴线贯穿南北，体现了以宫室为主体的城市规划思想。紫禁城作为全城的核心，位于内城的中部地段，它的中轴与全城的中轴线相合，以集中体现帝王至高无上的权威。围绕着紫禁城，宫殿等重要建筑或者集中于轴线上，或者对称地分布在中轴线的左右两列。沿这条中轴线，从南到北依次是永定门、前门、正阳门、大明门、承天门（天安门）、端门、紫禁城、万岁山、地安门、鼓楼、钟楼等建筑。而且这条中轴线还与子午线重合，因而形成了上天、地下、都城、宫城四层中心的最佳方位。在紫禁城和中轴线的两侧，有太庙、社稷坛、云坛、山川坛（地坛）等体现君权神授、天人合一思想的祭祀建筑物，强调了明代帝王对上天、祖宗和社稷的敬重。在紫禁城的北门外，设有内市和为宫廷服务的手工业作坊，从而使紫禁城具备了“左祖右社、前朝后市”的都城形制。在太庙和社稷坛的南面，排列着五府六部等官署。居住区则分布在皇城的四周，据说共有三十七坊，各坊之间被胡同划分为长方形的住宅区。

明北京城东南角楼

紫禁城是明代北京城的心脏，也是中国古代建筑史上罕见的建筑珍品。它是中国皇权的化身，因为它将帝王意志和文化传统水乳交融地统一了起来，皇权至上、江山永固的思想甚至体现在了砖石草木中。

紫禁城坐落在北京城的三重城墙的环绕之中，在皇城中略为偏东的地段。它的东西墙均与外城城墙等距，这在中国古代宫廷建筑史上还是第一次。紫禁城坐北朝南，总面积72万平方米，东西长753米，南北长961米，周围是10米高的城墙，墙外还环绕着52米宽的护城河。城墙四面都开有城门，东西两门分别称为东华门、中华门；南北两门相通，恰好是紫禁城的中轴线，上面坐落着紫禁城的主要建筑，由南向北依次为：午门、奉天门、奉天殿、华盖殿、谨身殿、乾清门、乾清宫、交泰宫、坤宁宫、宫后苑、玄武门。

紫禁城共有房屋1000余间，大小院落都对称地排列在中轴线的两侧。从建筑的功能上讲，可以分为供皇帝行使统治权力的办公用房和供生活、游乐的用房两大类。前者在古代称为朝房，后者称寝居用房。在总的安排上，紫禁城继承了前代“前朝后寝”的制度，即朝房安排在前面，寝居部分安排在后面。

朝房是朝廷颁布大政方针、举行集会和仪典、处理政务的行政区，主要由午门、三大殿及其东西两侧的文华殿和武英殿组成。东南部和西南部建有内阁公署和外国使馆

明紫禁城角楼

等。午门和太和门之间形成了一个矩形广场，内有金水河穿行而过，形成好几处临水的建筑。金水河上建有五座著名的汉白玉石桥，即玉带桥。午门是坐落在一个凹形台基上由门道、廊庑、配楼等组成的矩形大院落。三大殿则建在8米多高呈“干”字形的三重台基上，四周围有汉白玉石栏。其中奉天殿共有九间，都是重檐廊庑屋顶，墙和门全部是红色，在下面白色台基的衬托下，显得十分鲜艳夺目。整座奉天殿从屋顶到门窗都布满了装饰，其中用得最多的就是龙纹的装饰。殿中央皇帝走的御道上有九条石雕的威风凛凛的龙，在屋檐下、天花板上、门上、藻井里也画满了各种姿态的龙，皇帝的宝座、屏风到御椅，无一处不雕刻着龙纹，就连奉天殿前面宽阔的月台上也是龙的天下。据统计奉天殿的上上下下、里里外外共有装饰性的龙一万两千六百五十四条，可真称得上是龙的天下了。华盖殿在台基的中部，是面阔五间的单檐攒尖顶圆殿，这是皇帝的临时休息之处。谨身殿面阔九间，用作殿试和宴请外宾的场所。

穿过这三大殿外的广场就是所谓的内廷了，主要包括了后三宫、东西六宫、东西五所等。其中后三宫位于中轴线上，乾清宫和坤宁宫分别是皇上和皇后的寝宫，都是面阔九间，重檐殿顶。两宫之间的正方形建筑，即是交泰殿。这三座建筑都是据《周易》而兴建和命名的，乾坤即天地、阴阳，交泰即“天地交泰”，阴阳和谐之意。后三宫东西两边即为东六宫、西六宫，里面养教宫女、太监成千上万。

紫禁城的建筑美，主要是由建筑的和谐产生的。这不仅体现在上述空间序列变化中所产生的节奏韵律感上，在建筑形体上也体现了这一点。这里集中了我国古代木构建筑屋顶的式样，以重檐屋顶最为至尊。单体建筑都是清一色的坡屋顶，形制均为标准的宫式建筑，形成了统一的格调和优美的轮廓。在建筑色彩方面，大片黄色琉璃瓦、红墙、红柱和绚丽彩画都成为宫廷和谐美的重要组成部分。屋顶黄色琉璃与红色墙身、柱子本身就是协调色关系，而遍布的青绿色彩画则使整体中又带有局部对比；黄色屋顶与蓝色天空的背景正好形成强烈对比。而且紫禁城宫廷建筑色彩上不仅强调了色相上的对比，还注意到明暗关系的

十三陵牌坊

变化，如前三大殿明亮的汉白玉石台基和石桥就起到了衬托建筑主体部分的作用，使整个建筑显得明快爽朗。

紫禁城建筑群的设计建造也受阴阳五行学说的影响。在规划布局上，外朝为阳，内寝为阴；前为阳，后为阴；所以阳在前，阴在后，形成前朝后寝的布局。在数字中，奇数为阳，偶数为阴，所以外朝有三大殿，而内寝只有二宫（交泰殿是后期加建的）。而在阳数中又以九字为最高，所以“九”就成为皇帝专用的吉祥数了。于是主要的殿宇都是面阔九间，殿前台阶的御道上都雕着九条游龙，重要的影壁上还有九条蛟龙称为九龙壁，皇宫门上是九路九排八十一枚门钉，连屋脊上的小走兽也以九个为最高等级。

苏州园林甲江南

我国园林艺术风格有南北之分，北方园林以范围广大、气势宏伟而富丽豪华的皇家宫苑为代表；南方园林则以规模较小、淡雅朴素而精致秀气的江南园林为代表，两者截然不同。以苏州园林为主的江南园林突出地表现了南方园林以写意山水图为特色的传统风格，典雅古朴、美景四时，在世界园林史中独树一帜。

苏州古典园林为我国江南私家园林的代表。早在宋代以前，苏州园林的“城市山林”“诗情画意”的优美意境已经是尽人皆知的了。以亭台楼阁、池水假山、树木花卉为主体，辅以回廊、小桥、曲径、匾额、对联、碑刻等的巧妙结构组成了丰富多样的景致。在这个浓缩的“自然界”里，“一勺代水，一拳代山”，园内的山谷林池交错和春秋草木枯荣以及山水花木的季相变化，使人们可以“不出城郭而获山林之怡，身居闹市而有林泉之乐”，而其高雅的书画意境又使人得到心灵的陶冶和美的享受。正是所谓“江南园林甲天下，苏州园林甲江南”。

明代的苏州私家园林中，以拙政园最为优雅别致。拙政园坐落于苏州城北，这里原是一片水洼地带，地形地貌适于营建园林。拙政园始建于明代中期，是明朝嘉靖年间的御史王献臣仕途失意后归隐苏州时所建。历时十六年而成，著名画家文征明参与了设计。根据西晋潘岳《闲居赋》中“筑室种树，逍遥自得，灌园鬻蔬，以供朝夕之馈……是拙者之为政也”，取名为“拙政园”，暗喻自己把浇园种菜作为自己（拙者）的“政”事，这大概是官场失意之人退隐闲居、迟逐务庶的自嘲吧。

王氏因地制宜，将园缀为花圃、竹丛、果园、桃林、亭台等建筑，共有堂、楼、亭、轩等三十一景，形成一个以水为主，疏朗恬淡，近乎自然，“广袤二百余亩，茂树曲池，胜甲吴下”的私家园林。嘉靖十二年（1533），明代著名的诗画家文征明依照园中的美景绘制了三十一幅画，每幅画都配写了诗文，并撰写了著名的《王氏拙政园记》。此后，拙政园几度易主，也曾一度荒废，但经过后人的不断修缮和重建，它依然是苏州园林中最别致的一处，也许它的沧桑历史更给它增添了无限的人文魅力吧！

拙政园分东园、中园、西园三部分。东园山池相间，点缀有秫香馆、兰雪堂等建筑，其中秫香馆意指五谷飘香，秫即是高粱；兰雪堂是取唐代大诗人李白“独立天地间，清风洒兰雪”之意，代表着清香高洁。西园主要是迂回幽静的水面，依山傍水而建的亭阁显示了布局的紧凑，其中的主体建筑就是鸳鸯厅，这是园主人用来宴请宾客和听乐赏舞的地方。厅四周环境优雅，尤其在江南的夏日，四处荷香弥漫，鸳鸯嬉戏湖中，周围山峦林木、亭台楼阁高低起伏，浓艳如画。园中“与谁同坐轩”即为扇亭，扇面的两侧石墙上开着两个扇形空窗，一个对着倒影楼，另一个对着“鸳鸯厅”；而后面山的那一窗中又正好映入山上的笠亭，笠亭的顶盖又恰好配成一个完整的扇子。“与谁同坐”取自苏东坡的词句“与谁同坐，明月、清风、我”，所以一见到匾额，人们不禁会感到这里可赏水中之月，可受清风之爽了。

中园是拙政园的精华部分，它的总体布局还是以水池为中心，其水有聚有合，并以聚水为主，分水为辅。亭台楼栅都临水而建，有的亭栅甚至就直出水中，表现出了江南水乡的特色。其中主体建筑“远香堂”位于水池南岸，“远香堂”之名取宋周敦颐《爱莲说》“草木之花可爱者甚繁，而独爱莲之出污泥而不染，香远益清，亭亭净植，诚花中君子”之意。远香堂北面是辽阔的水面，池中水清澈广阔，荷花竞放，周围有东西两山岛遥相呼应，山岛上林阴匝地，水岸藤萝纷披，两山溪谷间架有小桥相通。两山岛上各建有一亭，西为雪香云蔚亭，东为待霜亭。其中“雪香云蔚亭”因亭四周丛植梅花而得名，由文征明书写的“蝉噪林语境，鸟鸣山更幽”的亭联还赫然在目。这是南朝诗人王藉《入若耶溪》中的句子，却也是此处景象的生动写照。“远香堂”西面的“倚玉轩”恰好与其西面的船舫形的“香洲”遥遥相对，两者又与其北面的“荷风四面亭”呈三足鼎立之势，可以随势赏荷，这正体现了拙政园随处即景的特色。倚玉轩西面有一曲水湾深入南部居宅，这里有三间水阁“小沧浪”，它被北面的廊桥“小飞虹”分隔空间，构成了一个独立幽静的水院，而香洲即位于这一水湾口之两侧。“荷香四面亭”位于中园的交通枢纽地，也是景区的汇合处，其亭联为“四壁荷花三面柳，半潭秋水一房山”，点出了这里“浪接双桥，荷花来四面”的美景。

拙政园中园的布局以荷花池为中心，不仅四处都可以欣赏到优美秀洁的荷花，就是从建筑物的名称来看，也大都与荷花有关。园主如此大力地宣扬荷花，也许就是为了表达其孤高不群的清高品格吧。

综观拙政园，这里四季优美如画。春天繁花似锦，夏季荷花映日，秋季桂花飘香，冬季梅影雪月、暗香诱人，四季各有妙处，确实是南方园林的代表，而且在其他的建筑上，也突出了南方园林的主要特色。行游园中，或见“庭院深深深几许”，或见“柳暗花明又一村”，小桥流水、粉墙黛瓦、通幽曲径都静悄悄地增添了无限别致，体现了步移景易、变幻无穷的艺术特色，使人观之不尽、回味无穷。而以画为本、以诗为题的追求又创造出具有诗情画意的景观，在园林中游赏，犹如在品诗，又如在赏画。这些充满着书卷气的诗文题刻与园内的建筑、山水、花木自然和谐地糅合在一起，使园林的一山一水、一草一木均能产生出深远的意境，也正因为这一点，拙政园才被称作是文化意蕴深厚的“文人写意山水园”。

清

夕阳无限好，只是近黄昏

明朝末年，宦官专权，政治腐败。内部农民军风起云涌，外部清军步步进逼，明朝已经到了崩溃的边缘。崇祯十七年（1644）三月，李自成由陕西一路摧枯拉朽，月余即攻占北京，推翻了明王朝的统治。而李自成的“大顺”政权也迅速腐化，又在与吴三桂军队作战中被清军伏击失利，退出北京。五月，清军进入北京，开始了在全国的统治，经过长期的国内战争，先后消灭了大顺政权、南明政权、台湾郑氏等反清势力，完成了全国统一。清朝还通过平定“三藩”、噶尔丹、大小和卓等叛乱，同时又抗击了沙俄的侵略，维护了多民族国家的统一，巩固了祖国的疆域，奠定了我国今天疆域的基础。到1912年，清王朝统治中国达二百六十多年。

清代文化的发展是全面的，每一种文化形式都在清代绽放过，又雨打风吹去。它既继承了明代传统文化，又有清代自身发展的特点。中国社会在清代发生了重大转变，也深深影响了清代文化的发展。

一、思想与学术

由义理而入考据

明末清初，社会动荡，农民起义和满清入关使阶级矛盾和民族矛盾错综复杂。而明朝末年，江南地区商品经济的发达和城市的繁荣，也促使思想领域产生了具有民主色彩的启蒙思想。代表人物是黄宗羲、顾炎武和王夫之。

黄宗羲（1610～1695），字太冲，号南雷，又号梨洲，浙江余姚人。早在明末黄宗羲就参加了反对阉党的活动，明亡后又投身于抗清斗争。主要著作有《明夷待访录》《明儒学案》《宋元学案》等。黄宗羲激烈抨击君主专制制度："古者以天下为主，君为客，凡君之所毕世而经营者，为天下也。今也以君为主，天下为客，凡天下之无地而得安宁者，为君也。是以其未得之也，荼毒天下之肝脑，离散天下之子女，以博我一人之产业，曾不惨然。曰'我固为子孙创业也。'其既得之也，敲剥天下之骨

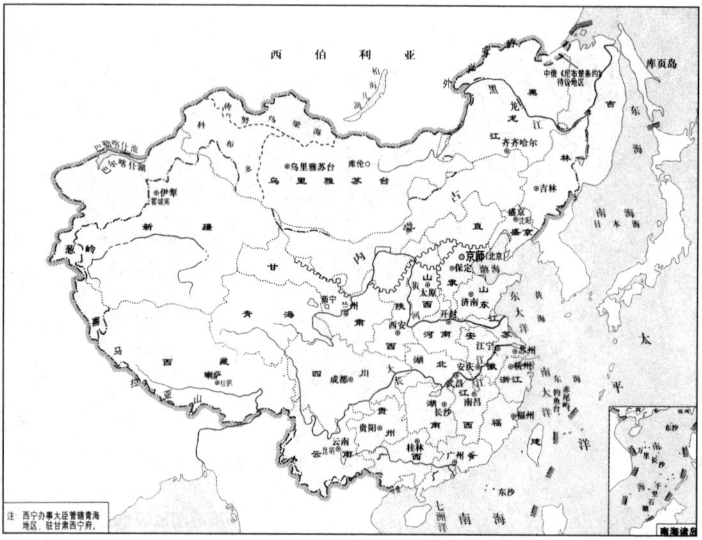

清朝疆域

髓，离散天下之子女，以奉我一人之淫乐，视为当然。曰‘此我产业之花息也。’然则为天下之大害者，君而已矣。”他认为君主专制是造成社会危机的根源，主张“为天下，非为君也；为万民，非为一姓也”，严重地冲击了“君为臣纲”的封建伦理的基础。黄宗羲还重视商业，认为“工商皆本”，反对重农抑商，反映了明代末年商品经济的发展在思想文化上的影响。

顾炎武（1613～1682），字宁人，号亭林，江苏昆山人。明末参加复社，明亡后，一生都在为抗清奔走。他的主要著作有《日知录》《天下郡国利病书》等。顾炎武在政治思想上也激烈地反对君主专制，主张限制君权、扩大地方权力。他把封建社会中“亡国”与“亡天下”作了区别："易姓改号谓之亡国"，"仁义充塞，而至于率兽食人，人将相食，谓之亡天下"。即"亡国"仅是改朝换代，而"亡天下"则是民族、文化的沦亡，是关系到整个民族命运的大问题。因此，他提出"保国"与"保天下"不同，"保天下者，匹夫之贱，与有责焉"。顾炎武这些主张，在当时具有一定的进步意义。治学方面，顾炎武提倡"经世致用"，反对不务实学的空谈学风。因而他提倡"实学"，他的《天下郡国利病书》就是以有益于世用为目的而写成的。

王夫之（1619～1692），字而农，号姜斋，湖南衡阳人，世称船山先生。他也参加了抗清斗争，抗清失败后隐居著书。他的著作很多，主要的有《张子正蒙注》《周

顾炎武画像

易外传》《读四书大全说》《黄书》《读通鉴论》和《宋论》等。王夫之的思想成就主要在哲学方面，他是中国古代著名的唯物主义思想家之一，是中国古代哲学的集大成者。他继承了张载“太虚即气”的主张，认为宇宙万物是由物质性的气构成的，“阴阳二气充满太虚，此外更无他物，亦无间隙，天之象，地之形，皆其范围也。”他还认为物质是可以转化的，却是不可消灭的，气虽“聚散变化，而其本体不为之损益”。在理气关系的问题上，王夫之提出“理在气中”，批判了宋明理学家的“理在气先”和“心外无物”等各种唯心主义的谬论。他还丰富发展了古代的辩证法思想，认为“静者静动，非不动也”。在认识论上，王夫之也坚持唯物主义思想，认为客观事物是第一性的，人的主观认识是第二性的。王夫之的唯物主义思想是中国传统思想中唯物主义思想的集中和升华，代表了中国传统唯物主义的最高水平。

在学术思想方面，顾炎武、黄宗羲等人主张学术要经世致用，反对宋明理学空谈性理的学风，提倡实事求是。他们反对宋明理学对《六经》的解释，主张从音韵、训诂等小学入手，以求训诂名物的真义。

清朝建立在全国的统治后，在思想文化方面的控制尤为强烈。一方面，统治者为了获得汉族士大夫的支持，也出于自身利益的需要，承认中国传统文化尤其是儒学的正统地位，并以这种文化的继承者自居；另一方面，他们努力发扬传统文化中有利于专制制度的内容，加强对读书人和普通民众的奴化熏陶。康熙亲自主持编写了《性理精义》，一再倡导理学，推崇朱熹，乃至在《御制朱子全书序》中称誉他“开愚蒙而立亿万世一定之规”。这种高度的赞誉，不仅是看重朱熹思想中固有的有利于社会统治秩序的价值，同时也通过绝对思想权威的建立取消人们独立的思想权利，对于晚明偏离正统的社会思潮也是有意识的反拨。

对于具有异端思想尤其是具有反清意识的文人，清朝统治者采取了严酷的高压手段。清代文字狱之盛是历史上空前的，康熙时戴名世《南山集》案，雍正时吕留良诗文案，均牵连数百人，死者戮尸，生者凌迟、绞杀，家族亲友沦为奴隶，手段残忍，震骇天下。乾隆朝的文字狱差不多每年都有发生，直到乾隆后期才有所减少。这种手段不仅打击了汉族文人的民族意识，而且和强行变服剃发一起，严重打击了士人的人格尊严，而士人人格的破坏，成为清代文化中的严重问题。

另一方面，清王朝也以各种手段笼络士人。除沿袭明代科举制度，以八股文取士外，康、乾两朝均特开“博学鸿词科”以网罗名士。作为重视学术、优容文人的表示，朝廷还组织了大规模的书籍编纂工作，康熙时纂有《古今图书集成》《全唐诗》《康熙字典》等，乾隆时更纂有规模空前的《四库全书》。这些工作固然有文化总结的意义，但也有羁縻文人的用意。在修《四库全书》的过程中，大量收缴和销毁违碍书籍，更成为文化专制政策的一部分。

文网严密，使读书人思想的自由空间越来越狭窄，加上统治者的有意诱导，清代考据之风日盛。到了乾隆中期至嘉庆时期，号称“乾嘉之学”的考据学达到鼎盛阶段。儒家经典、诸子学说、历代史籍等各种古老的文献成为学者们严密审视、深入研究的对象，与之相关的音韵、文字、训诂以及历史、地理、典章制度等各类学问也获得前所未有的发展。清代考据学在文献整理和古代文化研究方面的成果当然是值得肯定的，但作为一种社会现象，则需要从另外的角度来看待。

因此，清前期在顾炎武、黄宗羲重视考据的治学方法的影响下以及统治者的高压政策和对汉学的提倡，使稍后于顾、黄的阎若璩、胡渭等人在学术上树立了考据的范例。胡渭精于经义，尤精舆地之学，他所著的《禹贡锥指》和《易图明辨》，在辨别古书真伪和提倡疑古精神等方面都有一定的贡献。阎若璩更是一位著名的考据学家，他沉潜三十年，著《古文尚书疏证》一书，用比较严谨的考据方法证明《古文尚书》是东晋人梅赜伪造的。

此后，学术界逐渐形成一种脱离社会现实、为考据而考据的学风。这种学风，到乾隆、嘉庆时期更加盛行起来，形成考据学派，称乾嘉学派。诚如梁启超在《清代学术概论》里所说，乾嘉学派的研究范围是以“经学为中心，而衍及小学、音韵、史学、天算、水地、典章制度、金石、校勘辑佚等等，而征引取材，多极于两汉。”

乾嘉学派分为吴派和皖派。

吴派以惠栋为首。著名学者有沈彤、江声、王鸣盛、钱大昕等人。他们在治学上唯汉学是从，“凡古必真，凡汉皆好”。这也使他们比较保守，成就不大，但钱大昕和王鸣盛在史学考据上取得了很大成绩。

惠栋（1697～1758），字定宇，号松崖，人称小红豆先生，苏州吴县人。乾隆初，以经术闻，是吴派经学的创始人。他尊崇汉学，著有《周易述》《九经古义》《古文尚书考》《后汉书补注》等。

江声（1721～1799），字叔云，号艮庭，苏州吴县人。精研古训和《说文解字》，重新整理《今文尚书》，

《乾隆南巡图》

著有《尚书集注音疏》。

钱大昕（1728～1804），字晓征，号辛楣，又号竹汀居士，苏州嘉定人。精通训诂、词章、金石、天文、历算、历史，曾参与编写《续文献通考》和《续通志》。著有《廿二史考异》《十驾斋养新录》等。

皖派的创始人是戴震，主要学者有段玉裁、王念孙、王引之等人。他们在治学上比较富有创造性，不拘泥于一家之言。他们采取"由声音文字以求训诂，由训诂以寻义理，实事求是，不偏主一家"的考据方法，对中国古典文献的整理作出了较大的贡献。

戴震（1723～1777），字东原，安徽休宁人。清代著名思想家，曾任《四库全书》纂修、翰林院庶吉士。学问渊博，长于考证。在考据上，戴震把训诂考证和义理结合，从训诂探讨古书义理，对经学、训诂、音韵、天文、历算、地理等都有很深研究。他反对吴派唯汉是从的观点，主张学宗原经。著有《孟子字义疏证》《声韵考》《声类表》《毛郑诗考证》《方言疏证》等。戴震在哲学上成就也很高，哲学思想主要体现在《孟子字义疏证》《原善》《原象》等书中。他的世界观和王夫之相近，最大的贡献是对理学的批判。他猛烈批判理学"存天理，灭人欲"的谬论，认为"人生而后有欲，有情，有知。三者，血气心知之自然也"。反对道学家的虚伪，指出"后儒以理杀人"，其酷远大于"酷吏以法杀人"，具有很大的进步意义。

段玉裁（1735～1815），字若膺、懋堂，江苏金坛人。是戴震的弟子，精于小学、考据、经学、音韵等。段玉裁最大的成就是注释《说文解字》，著有《说文解字注》《六书音韵表》，是研究古代语言文字的经典论著。此外，还有《经诗小学》《古文尚书撰异》等著作。

乾嘉学派在戴震之后，以高邮王氏父子之学知名，晚清著名学者章太炎曾说："高邮王氏以及其绝学，释姬汉古书，冰解壤分，一无所凝滞。"王念孙和王引之父子擅长音韵训诂学，王念孙著有《广雅疏证》《读书杂志》等，王引之有《经传释词》《经义述闻》等。

转向经世致用

晚清之后，世事亟变，乾嘉学派脱离现实、钻故纸堆的学风，越来越不适应社会的要求了。一部分人开始向经世致用转变，尤以龚自珍、魏源为代表。

龚自珍（1792～1841），字璱人，号定盦，浙江仁和人。清代杰出的思想家、文学家、诗人和史学家。他出身于官僚文人世家，道光九年（1829）中进士，官至礼部主事。四十八岁辞官南归，五十岁在江苏丹阳的云阳书院猝然去世。龚自珍的外祖父是著名的学者段玉裁，又师从经学大师刘逢禄学习《春秋公羊传》，青年时曾充任武英殿校录，因此学识渊博，文字、训诂、金石、目录无不涉及，诗文、地理、经史百家也用力颇深。

嘉庆以来，社会危机日益深重。社会走向衰落之际，龚自珍改变了乾嘉学派不问实事、埋首经籍的学风，发扬实事求是、经世致用的思想，成为乾嘉文化沉寂中的一声春雷，催动了中国文化和社会的觉醒。

无论是诗词还是思想方面，龚自珍最大的特色就是对社会弊病的揭露和抨击。他对社会的认识和思考是敏锐而深刻的，在《明良论》《乙丙之际著议》中，他对当时社会作出了“左无才相，右无才史，阃无才将，庠序无才士，垄无才民，廛无才工，衢无才商；抑巷无才偷，市无才驵，薮泽无才盗。则非鲜君子也，抑小人甚鲜”的认识，非常形象地描绘了末世的景象。他也作出了如何改革的探索，提出了改良社会的主张。虽然他不可能真正认识到社会的矛盾所在，但这些探索还是有益的。龚自珍还运用《春秋公羊传》“三世说”的观点，认为“山中之民”必将兴起，社会会发生翻天覆地的变化。难能可贵的是，龚自珍在鸦片战争以前就已经认识到鸦片的流入对中国社会的危害，他积极支持林则徐赴广东禁烟，并认为要在坚决抗击外部侵略的同时，发展和外国的正常贸易往来。龚自珍在思想上的成就除闪现在诗文中外，主要是展现在《明良论》《均田篇》《乙丙之际著议》《西域置行省议》《东南罢番舶议》和《古史钩沉论》等史论著作中。

龚自珍的散文和当时的文坛正宗“桐城派”对立，没有那些熟套定式，针对时弊，随意无羁。他的文章都是有感而发，从政治和社会的角度看问题，带有强烈的批判精神，有着深刻的思想内容。文章风格或直率或诡奇，随笔直书，骈散结合，充满热情，但有时为了追求语言的古雅深奥，而不免诘屈生硬、艰深晦涩。他的散文主要是政论学术论文，还包括一些杂文，记述人物、出游之类，文学性更强一些，如《记王隐君》《吴之癯》《病梅馆记》等。

龚自珍的文学成就在诗歌上更突出一些，他的诗打破了清代诗歌以模山范水为主题的狭隘意境，而是直面现实，指斥时弊，抒发内心感受。其长篇组诗《己亥杂诗》几乎是这一时期社会衰落的一面镜子，这些诗作反映了末世社会的景象和矛盾，具有强烈的批判精神和深刻的现实意义。不过，他虽看到了“不论盐铁不筹河，独倚东南涕泪多。国赋三升民一斗，屠牛那不胜栽禾！”但也无法找到出路，只能“九州生气恃风雷，万马齐喑究可哀。我劝天公重抖擞，不拘一格降人材”，把希望寄托在虚幻的“天公”身上。

龚自珍为人豪放，多情易感，而个人经历的坎坷和对现实的清醒认识又使他的诗中带有忧郁和孤愤之感。他的诗，政治思想和诗歌艺术相统一，形式多变，想象丰富奇异，是现实主义和浪漫精神的完美结合。

魏源（1794～1857），字默深，湖南邵阳人。他和龚自珍齐名，思想接近，是19世纪初期著名的思想家。曾随刘逢禄学习《春秋公羊传》，与龚自珍、林则徐、黄爵滋等人成立宣南学社，宣传经世致用之学。参与过两江总督陶澍、江苏巡抚林则徐在地方上的漕运、水利等改革筹议，以擅长经世之学知名。鸦片战争后，他先后撰成《海国图志》《圣武记》，开风气之先，对开拓人们的视野起了很大的启蒙作用。另外他还著有《元史新编》《古微堂内外集》《诗古微》《书古微》等著作。

魏源的思想理论更多地表现在如何“济世”中，在《海国图志》一书中，他提出了改革的具体措施，主要着眼于抵抗外国侵略，在内部进行水利、漕运、盐政方面的经济改革，对外要“师夷长技以制夷”；主张学习外国先进的科学技术，奖励科技发明，建立自己的海军。不过，魏源并没有看到中国落后的根本原因，对西方的认识也与前代一样没有更深的发展。

在诗文方面，魏源的成就远不及龚自珍，但他的作品也着重反映民间疾苦，反对外国列强的侵略，具有爱国主义情怀。他的散文也和桐城派相对立，但又不同于龚自珍，而是条理明晰、朴实畅达，对后世散文突破桐城派的窠臼起到了示范作用。除《海国图志》《圣武记》外，魏源还有多种经学、史学、文学、佛学著作存世。

二、唐宋遗风——最后的诗文

清代文学成就斐然，唐宋的文学经典——诗、词、散文在这一时期都得到了继承和发展。文言与白话小说更是在明代的基础上又上新台阶，产生了许多优秀的作品。

繁荣再现——清诗

清初诗人

在清初一二十年中，民族矛盾仍然很尖锐，由汉族士大夫所发动的反清武装斗争和清政权对这种反抗的镇压，一度进行得异常酷烈。直到康熙初年，民间的抗清活动才逐渐衰落。至17世纪末即康熙中期，经过平定吴三桂等“三藩之乱”、噶尔丹之叛以及收服台湾之役，国内的战争大体宣告结束，清王朝在全国范围内确立了稳定的统治。

明清鼎革之际，也对诗歌创作产生了很大影响。这一时期的诗人主要有顾炎武、屈大均、吴嘉纪等拒不和清朝合作的诗人和钱谦益、吴伟业等曾出仕清朝的诗人。以顾炎武为代表的诗人更多以描写当时的现实和斗争精神而著名，以钱谦益为代表的诗人则以诗歌的艺术成就居诗坛领袖地位。

顾炎武的诗歌主要收录在《亭林诗文集》内，共存有四百余首。内容多记述明清之际的史实，表达不忘国仇、坚决抗清的斗志。

屈大均（1630～1696），字翁山，广东番禺人。曾参加抗清斗争，和顾炎武有交往。他和陈恭尹、梁佩兰并称“岭南三家”，以屈大均成就最高。他对李白极为推崇，其诗也豪迈奔放，洒脱飘逸。

对清代诗歌影响最大的还是钱谦益和吴伟业两人。两人都曾短暂仕清，这也是为后人所诟病的，但他们在诗歌上的成就却不容忽视，整个清代诗歌都不出他们两人的影响。钱谦益宗宋诗，吴伟业宗唐诗，两人各自引领了清代诗歌的不同流派。

钱谦益（1582～1664），字受之，号牧斋，晚号蒙叟，常熟人。在明代即是东林党领袖，文学地位很高，但在仕途上一直不顺利。南明小朝廷建立后，他依附马士英、阮大铖，为礼部尚书。清军攻陷南京后，钱谦益率文官出降，为礼部侍郎。后以病归，并和反清势力有过联系。钱谦益对前后七子竭力攻击，提倡宋元诗，推崇苏轼、元好问。他的诗沉郁藻丽，讲究语言技巧，对清代诗歌的发展影响很深。主要诗作收集在《初学集》《有学集》中。

吴伟业（1609～1672），字骏公，号梅村，太仓人。明崇祯时进士，官至左庶子，复社成员。明亡后，他曾想归隐，但为清廷所迫，应召北上，一年后即辞归。由此，吴伟业终生愧负，经常自怨自艾，内心十分痛苦。他在《自叹》诗中写道："误尽平生是一官，弃家容易变名难。"临终前，他遗言以僧衣殓之，墓碑上只题"诗人吴梅村之墓"。吴伟业最著名的诗是《圆圆曲》，"恸哭六军俱缟素，冲冠一怒为红颜"，凄楚苍凉，令人感慨叹息。吴伟业主张学习唐诗，通过诗歌抒发个人情感。诗作收集在《吴梅村集》中，大约有一千多首诗。

宗宋与宗唐——前中期的交叉曲

继钱、吴之后著名的诗人还有"南施北宋"和"南朱北王"。"南施北宋"指的是施闰章和宋琬，两人都宗宋诗，成就不是很大；"南朱北王"指朱彝尊和王士祯，是清代诗歌走向繁盛的重要人物。

朱彝尊（1629～1709），字锡鬯，号竹垞，浙江秀水人。他博通经史，工诗擅词，著有《曝书亭集》和《曝书亭词》，并编有《明诗综》和《词综》，是浙西词派的开创者。朱彝尊的诗，早期宗唐，晚年又转向宗宋，雍容典雅，有学者气。

王士祯（1634～1711），原名士禛，雍正时避讳改为士祯，字贻上，号阮亭，晚号渔洋山人，山东新城人。他独宗唐诗，提出“神韵说”，认为诗歌意境应淡远高妙、清新自然，糅合了明代前后七子的“格调”和公安派的“性灵”。他的诗艺术成就很高，但过于追求“神韵”，不重视思想内容。其诗作主要收集在《带经堂集》中。

清代诗歌总的看来，延续清初钱谦益、朱彝尊宗宋一途的诗人势力最为巨大，首推查慎行，继之厉鹗、翁方纲、姚鼐等人。

查慎行（1650～1727），字悔余，号初白，初名嗣琏，因观看《长生殿》获罪改名，浙江海宁人。他的诗现存有四千六百余首，收录在《敬业堂集》里。他受苏轼、陆游、杨万里等人影响很大，“得宋人之长而不染其弊”，清新自然，平易畅达，在宗宋诗派成就和地位都很高。

厉鹗（1692～1752），字太鸿，号樊榭，浙江钱塘人。他家境贫寒，性情孤直，在几次应试不第后就转向著述，一生不仕。平生喜好游历，遍览大江南北，他的诗作清丽幽深，用意深刻。著有《樊榭山房集》，还编了《宋诗纪事》，扩大了宋诗派的影响。

翁方纲（1733～1818），字正三，号覃溪，大兴人。他以提倡“肌理说”闻名，认为学问是作诗的基础，以考证充实诗歌内容，要达到思想和文辞相一致。他的诗质实而显空洞，没有生气情趣，但却为宗宋诗派所推崇。

宗唐诗派在王士祯提出“神韵说”后也曾昙花一现，出现了几个名家，但已是每况愈下，声势上无法和宗宋诗派相抗衡。宗唐诗派在这一阶段有赵执信和沈德潜，他们对诗歌以后的发展贡献很大。

赵执信（1662～1744），字伸符，号秋谷，晚号饴山老人，山东益都人。他是王士祯的甥婿，对王士祯的“神韵说”多有批评。赵执信认为“诗当指事切情，不宜作虚无缥缈语”，要重视诗歌的思想内容，反映现实。这是对“神韵说”的一个很大的纠正。他的诗清新刻峭，现实性强，有《饴山堂文集》传世。

沈德潜（1673～1769），字确士，号归愚，江苏长洲人。他是继王士祯之后主盟宗唐诗派的大家，提出“格调说”，风靡一时。他认为“诗贵性情，亦贵诗法”，要讲求格律、声调，重视立意。但他是以儒家的说教为本，为统治者服务，这就使他的诗受到封建纲纪的限制，难有成就。沈德潜在诗歌理论和诗歌编选上作出了很大贡献，编有《古诗源》《唐诗别裁集》《明诗别裁集》《国朝诗别裁集》等书。

性灵诗派——乾隆新声

无论是宗唐诗派还是宗宋诗派，都重视对前人的模拟，虽然格律非常严谨，但内容思想越来越趋于僵化

清皇帝之宝玉印

保守。

清前期和中期，在嘉庆以前，因康熙、乾隆均在位年久，高层权力结构稳定，国力强盛，史称“康乾盛世”。从经济方面来看，清初的战争曾一度造成严重破坏，但随着强大封建帝国的建立，它恢复得也很快。尤其是由于历史上沿长城一线汉族政权与少数民族政权之间的紧张对抗至此完全解除，使统治者有可能通过削减赋税来争取民众的支持，加之康熙十分重视水利建设，鼓励生产，农业得到了显著的发展，人口也有明显的增长。在清王朝的统治开始稳定以后，广大民众的生活较之天灾与战乱频仍的明末无疑要好得多，这是清政权能够为广大汉族百姓接受的首要基础，也是从民族意识出发的反清斗争难以坚持下去的关键原因。农业的增长也支撑了城市工商业的复苏乃至新的发展，乾隆时，东南沿海地区的纺织业、盐业、造船业、造纸业、印刷业都形成了相当大的规模，资本主义的萌芽重新得到滋育生长。如钱庄这种信用机构，在清代发展得比明代更为普遍和完善，这正是适应工商业经营规模扩展的结果。而且不仅是东南沿海，北方如北京、太原等城市也出现了相似的情况。在国际交往方面，清初曾因台湾为郑氏所据，禁止海上贸易，到康熙中期以后禁令解除，中国与外部世界的接触比前代更为密切。在《红楼梦》等小说中，可以看到各种奇巧的“洋货”成为富贵之家喜好的东西。在这种太平盛世的环境下，诗坛出现了一些新的动向。

乾隆年间就有一些诗人对复古诗派不满，开创了“性灵诗派”，为诗歌创作找到了新的发展方向。代表诗人有袁枚、赵翼、蒋士诠、郑燮和黄景仁等。

袁枚（1716～1797），字子才，号简斋、随园主人，浙江钱塘人。乾隆四年进士，做过县令，后辞官居于南京小仓山下随园，过着悠闲自在的名士生活。他交友广泛，生活放浪，继承了晚明反传统、重人性的思想。在诗歌上，他和赵翼、蒋士诠并称“乾隆三大家”，诗作四千余首。著有《随园诗话》《小仓山房集》和小说集《新齐谐》。他提倡“性灵说”，“性”指性情、情感，“灵”指灵趣、灵犀，即写诗要讲求自我个性，应该有时代特色。不应因袭前人，宗唐、宗宋都是毫无意义的。因此，袁枚的诗清新隽永，富有新意。

赵翼（1727～1814），清代著名史学家、诗人，字云崧，又字耘松，号瓯北，江苏阳湖人。他以史学著称，与钱大昕、王鸣盛齐名，著有《廿二史札记》《陔余丛考》等史学名作。他的诗作有近五千首存世，收集在《瓯北诗钞》中，另有《瓯北诗话》，保存了他在诗歌上的主张。赵翼和袁枚在诗歌上立场一致，强调创新，“李杜诗篇万口传，至今已觉不新鲜。江山代有才人出，各领风骚数百年。”他的诗自由豪放、明白如话，又多议论，全以自身感受为之。

在这一时期，具有鲜明个性的诗人还有郑燮。郑燮在文化上的成就主要在书法和绘画方面，他是“扬州八怪”之一，以特立独行、倔强豪放著名。在诗歌方面，也如他的书画一样，主张“自树旗帜”，关注民生疾苦。他的诗清新自由，意蕴很深，“咬定青山不放松，立根原在破岩中。千磨万击还坚韧，任尔东西南北风。”

同光体——晚清诗坛的主唱

晚清传统诗坛的主流愈来愈为宗宋诗派占据，道光、咸丰年间兴起的宋诗运动发展到这一时期产生了同光体。他们崇尚宋诗，但又从唐代诗人中吸取创作思路，在同治、光绪时期影响很大，是诗坛的主流。陈衍在《沈乙庵诗序》里指出“同光体”是指“同、光以来不墨守盛唐者”。这些诗人大多或为汉学宿儒，或为高官贵族，文化素养都很高。在政治上一般倾向于洋务派，在民族危机的时刻，他们的诗歌也改变了宋诗派脱离现实的弊病，反映了一些现实问题，不过，总体来看，同光体诗人还是保守的，和时代潮流脱节，现实性不够。同光体诗人主要有以陈三立为代表的赣派，以陈衍、郑孝胥为代表的闽派，以沈曾植为代表的浙派。

同光体最杰出的诗人是陈三立。陈三立（1853～1937），字伯严，一字敬原，号散原老人，江西义宁人。其父为推行新法最积极的湖南巡抚陈宝箴，和谭嗣同、徐仁铸、陶菊存并称“维新四公子”。他自幼聪敏过人，在其父推行新法期间，陈三立也从旁谋划，支持变法运动。变法失败后，和父亲同被革职，回乡居住。在此后的四十年时间里，陈三立漫游各地，或兴实业，或办教育，参加诗文活动，而绝不涉足政治。晚年激愤于日本对中国的步步入侵，忧心忡忡，在北平陷落后，他不肯南逃，绝食而死。

陈三立是一位有强烈责任感的爱国诗人，著有诗集《散原精舍诗》、《续集》、《别集》和《散原精舍文集》。他是同光体诗人的领袖，宗法黄庭坚的江西诗派，恶俗恶熟，好用僻字拗句，虽不免流于艰涩，而取境奇奥，造句瘦硬，炼字精妙。他对政治、文化上的变化非常敏感，创作了大量感时诗。如《书感》《人日》《次韵和义门感近闻》《十月十四日夜饮秦淮酒楼》等诗，都是对八国联军入侵的忧愤之情的抒发。《园馆夜集闻俄罗斯日本战事甚亟感赋用前韵》《小除后二日闻俄日海战已成作》《短歌寄杨叔玖时杨为江西巡抚令入红十字会观日俄战局》，都是对日俄在中国国土上进行战争的愤怒的痛斥。他的诗不仅为同光体诗人推崇，就连梁启超亦为之倾倒，在《饮冰室诗话》里评曰："其诗不用新异之语，而境界自与时流异，浓深俊微，吾谓于唐宋人集中罕见伦比。"他是中国传统诗歌最后的著名诗人之一。

在宗宋诗派兴盛之际，传统诗派著名的诗人还有以王闿运为代表的汉魏六朝诗派，以樊增祥、易顺鼎为代表的中晚唐诗派。传统诗坛在晚清也发生着剧烈的分化和变革。

王闿运（1832～1916），字壬秋，又字壬父，号湘绮，湖南湘潭人。清末民初很有影响的文化名人，门下弟子遍天下，杨度、齐白石等都是他的学生。著有《湘军志》《湘绮楼日记》《湘绮楼诗文集》等。他为"汉魏六朝诗派"的代表诗人。诗论主张模拟古人诗，诗宗汉魏六朝，造诣颇高。

新体诗——清末诗界革命

从鸦片战争到辛亥革命的约七十年间，中国社会处于激烈的动荡之中，历经鸦片战争、太平天国运动。第二次鸦片战争之后，曾经出现过所谓的"同治中兴"，洋务运动为这种“中兴”的标志，但随后在甲午中日海战中，中国又被刚刚崛起的日本打败。洋务运动可以说是一种稳健的变法改良运动，但甲午战争以后，一种更为激进的变法改良运动迅疾兴起，这就是以康有为、梁启超为代表，受到光绪皇帝支持的戊戌变法。当戊戌变法失败以后，中国又一次遭到八国联军的侵略，而清王朝的腐败无能终于使人们彻底失望，以反清排满和民主共和为两大基本口号的革命运动终于彻底推翻了清王朝的统治，结束了中国封建社会的历史。但辛亥革命并不是充分意义上的、成熟的资产阶级民主革命，它是中国特殊历史条件下的特殊产物。在风云动荡的时代大潮下，传统诗坛也在酝酿着一场革命。

对传统诗坛产生突破的是“诗界革命”运动和“新体诗”的创作。“诗界革命”是梁启超等人在维新运动中提出的，既是资产阶级改良运动的需要，也是改良运动发展的产物。开始，梁启超、夏曾佑等人只是在诗中加入几个新名词，以显示与传统诗歌不同，1899年，梁启超流亡到日本后，正式提出“诗界革命”的口号，“新体诗”的创作也应运而生。“新体诗”须兼备新意境、新语句，以旧风格含新意境，在这方面做得最好的是黄遵宪。

黄遵宪（1848～1905），字公度，号人境庐主人，广东嘉应州人。出身于商人致富的官僚家庭。他在驻外使馆任职近二十年，在长期的国外生活中，亲身感受了西方的政治制度和科技文化。回国后，积极参加维新变法，参与“强学会”，创办《时务报》，成为维新派的重要人物。变法失败后，退居乡里。黄遵宪在长期的外交和政治生活中，亲身经历和目睹了清末跌宕起伏的社会变革，每次重大历史事件他几乎都有诗篇，“公度之诗，诗史也”。他的诗作收集在《人境庐诗草》和《日本杂事诗》里，后人又辑有《人境庐集外诗辑》。

黄遵宪的诗继承发扬了龚自珍、魏源等人反映现实的特点，描写了清末的一系列重大历史事件，如《冯将军歌》《悲平壤》《东沟行》《哀旅顺》《哭威海》《度辽将军歌》《马关纪事》《台湾行》等，反映了中法战争、甲午中日战争、《马关条约》签订和被迫割让台湾的一系列历史史实。在这些诗篇里，黄遵宪歌颂了爱国英雄抗击侵略的光辉事迹，谴责了帝国主义的侵略暴行，抨击了投降派的贪生怕死，表达了对民族危机的忧虑；1900年，八国联军入侵中国，他又愤笔写下了《联军入犯京师》《天津纪乱》《聂将军歌》《和议成志感》等诗篇，对民族危亡和清政府的腐朽无能发出了愤怒的呼声。他在《和议成志感》里呼喊：“失民更为丛敺爵，毕世难偿债筑台。坐视陆沉谁任责，事平敢问救时才。”表达了他强烈的爱国热情和对侵略者的痛恨。

黄遵宪还是“新派诗”的代表，“诗界革命”的一面旗帜。他反对占据诗坛的宋诗派的拟古主义诗风，“我手写我口，古岂能拘牵”，形式自由，风格多变。他将大量新事物、新名词、新的社会风貌写入诗中，给诗歌创作带来了新气象和新的意境。在诗歌形式上，“以单行之神，运排偶之体”，“用古文家伸缩离合之法以入诗”，力求变化多样。

黄遵宪在诗歌创新上的努力，创造了“旧风格含新意境的诗”，成为龚自珍以后清末最杰出的诗人。

在“新体诗”创作中，除黄遵宪外，康有为、梁启超、谭嗣同、丘逢甲等人也为诗歌创新作出了自己的努力。康有为的诗，意境开阔，气势不凡，显示出欲挽大厦之将倾的豪迈气度和积极进取的精神；谭嗣同的诗也是充满英雄气概，其绝命诗《狱中题壁》言：“我自横刀向天笑，去留肝胆两昆仑”，表达了为了挽救民族危机，唤醒人民大众而乐于牺牲自己的精神；丘逢甲是台湾诗人，亲身参加了台湾人民反割台武装斗争，创作了许多悲悼台湾沦丧的诗作，梁启超称其为“诗界革命一巨子”。

20世纪初，随着资产阶级革命派的兴起，一部分革命党人开始尝试利用诗歌宣传革命，促使诗歌具有了新的生命气息。陈去病、高旭和柳亚子在清末发起成立了“南社”，通过文学创作，宣传革命思想。在诗歌方面的探索以苏曼殊成就最高。此外，革命派诗人还有著名的女革命家秋瑾。革命派诗人的诗歌最突出的特点就是字里行间渗透出的爱国情怀，对满清政府腐朽的揭露、对祖国命运的忧虑以及对革命前途的热切，都反映在他们的诗歌中。他们激昂慷慨、愿以鲜血换共和的精神，在诗中随处可见：宁调元的《感怀》“愿播热血高千丈，雨飞不住注神州”；陈去病的《辑陆沉丛书初集竟题首》“誓死肯从穷发国，舍身齐上断头台”；秋瑾的《对酒》“一腔热血勤珍重，洒去犹能化碧涛”。不过，革命派诗人的诗感情有余而艺术水平不足，有时缺乏基础。在新文化运动时，新式诗歌兴起，革命派大多接受了新诗。

老树春深更着花——清词中兴

词在经历了两宋的繁荣鼎盛和元明衰落低沉的历史行程之后，到清代重新崛起，盛称“中兴”。借用清代顾炎武的诗来描绘和形容这一时期的特色，正是“老树春深更着花”。

清初三大家

明清之际，词作者很多，许多诗人、学者都好填词，最著名的词人为陈维崧、朱彝尊和纳兰性德，号称“清初三大家”。

陈维崧（1625～1682），字其年，号迦陵，江苏宜兴人。出身名门，其父贞慧为复社重要人物，“明末四公子”之一，以气节著称。他少负才名，性豪迈，明末为诸生。在清初曾经周游四方，但多次参加科举考试都未能中举，晚年始举博学鸿词科，授翰林院检讨。工诗、词和骈文，尤以词著称。他的词“追步苏辛”，写了许多现实性很强的作品。当时在陈维崧周围还汇聚了一些风格与之相近的词人，如任绳隗、曹亮武、蒋景祁、陈维岳等人，他们相互唱和，并编有《今词苑》《瑶华集》等词选；驰骋词坛四十年左右，颇有声势，以宜兴古名称“阳羡词派”。阳羡派诞生于清初血雨腥风的时代，他们用词反映时代，因而有着鲜明的政治色彩，社会意义较强。词风以悲壮苍凉、沉郁奇崛为基调。

朱彝尊是清代初期著名诗人，而在清词中影响更大。在他周围聚集了一批词人，相互唱和，称之为“浙西词派”，是当时词坛的主流。朱彝尊的词宗尚南宋，崇扬“醇雅”，师法“姜张”（姜夔、张炎），标举“清空”。明末清初的浙江词风多承袭“草堂”余风、“花间”末流，以朱彝尊为首的“浙西词派”对廓清绮靡俚俗之风作出了贡献。在创作实践上，朱彝尊也写下了不少“空中传恨”“情见乎词”而颇具空灵神韵的作品，写情爱能“艳而不浮，疏而不流，工丽芊绵而笔墨飞舞”，写落魄不遇见愤懑悲慨的情思，咏史怀古能显现出幽愤苍凉的风情，写景抒情亦能以明丽清澄见长，堪称一代宗匠手笔的崭新风采。然而随着时势的变迁，尤其是朱彝尊后期仕途通达后，一度主张“宜于宴棺逸乐，以歌咏太平”

康熙粉彩开光花樽

之说。

整个“浙西词派”的后期创作趋向于咏物，现实性不断削弱，开始显现出“清空”而流于空乏的弊端。

真正代表清代词作最高水平的是纳兰性德。纳兰性德（1655～1685），原名成德，字容若，号楞伽山人，满洲正黄旗人。他是名臣大学士明珠之子，出身富贵，聪颖好学，天分绝高。

纳兰性德的词风和李煜相近，清新自然，感情敏感，大多抒发个人的闲愁哀怨，但其中流露出的真性情使他的词达到了很高的艺术境界。况周颐评曰：“其所为词，纯任性灵，纤尘不染。”纳兰性德在词的境界上，有突过前人之处。其表现塞外风光的作品，题材新、意境阔，开词家未辟之境，被王国维推为“千古壮观”。《人间词话》五十一条：“‘明月照积雪’，‘大江流日夜’，‘中天悬明月’，‘长河落日圆’，此中境界，可谓千古壮观，求之于词，唯纳兰性德塞上之作，如《长相思》之‘夜深千帐灯’、《如梦令》之‘万帐穹庐人醉，星影摇摇欲坠’差近之。”

纳兰性德的词流传极广，具有很强的感染力，情调哀婉凄清，为人所称道。他的词作收集在《侧帽集》和《饮水词》中。

清中叶的词派嬗变

康熙末期，清代词风已开始由前期的极盛渐趋于衰退，正是“盛极必衰，风会使然”。所谓“风会使然”，实际上是指康熙后期全面加强思想控制的时代背景，与此相适应，清词也就结束了前期比较自由松散、“百家腾跃”的历史阶段，而被置于统管整饬状态，并趋向于唯美、唯雅的所谓醇雅流风的“一尊”格局。于是，清词的发展也就在清代中期的所谓“盛世”中出现了“低谷”。

这个时期虽仍有独抒性灵的词人不时崛起，却难以树帜立派、雄主词坛了，占据词坛的已是一批声律派、格词派及学人群体，“阳羡词派”已呈流风余响。

这一时期“浙派”也发生了较大嬗变，并最终走向衰微。厉鹗则是继朱彝尊之后中期“浙派”的巨匠。厉鹗多是写景之作，“十诗九山水”，以“清丽闲婉”为特征。浙派词自厉鹗之后，虽仍保持一定影响，但声势已不振。此间虽作家群起，却愈趋缺乏真情和韵味的末流境界，于是吴锡麒、郭麟先后起而变革。吴氏既修正了“浙派”先祖朱彝尊“欢愉之言易工”之说，重申“穷而后工”的论旨和“正变斯备”的兼容旨趣，在创作实践上又表现出“抗秋风以奏怀”的遒健风格和自然透逸的情韵。郭氏继起，不仅在理论上高标“性灵”，强调“自写其心”“抒其襟灵”，追求艺术个性，而且更欲以清新流转、机趣圆润的创作风范来救济一味讲雅洁的空泛无物的陈辞滥调，然而这些努力都未能挽回颓势。

嘉庆年间，张惠言用经学方式提高词的身份，别树一帜。张惠言（1761—1802），字皋文，号茗柯，江苏武进人，嘉庆四年（1799）进士，官翰林院编修。他是一位经学家，并以词和散文著名，是当时“常州词派”和古文中“阳湖派”的首领。有《茗柯文编》《茗柯词》，另编有《词选》。张惠言最推崇的是宋代词人温庭筠，因为在他看来温词虽然多是写种种美人香草的词，但却含着深微的大义。张惠言主张通过比兴手法表达“贤人君子幽约怨悱不能自言之情，低徊要眇以喻其致”，并讲究文辞之“深美闳约”的体式。正如章培恒、骆玉明在《中国文学史》中所评：“这种带有经学气息的词学理论，看起来似乎可以纠正浙派词的某些弊病，其实它所指引的路径更为狭窄，在感情的表现方面也更为收敛和隐晦。”尽管如此，这种理论一度相当风行。

但是，真正进一步将常州派理论发扬光大并产生重大影响的是稍后的周济。“自周氏书出，而张氏之学益显。百余年来词径之仟辟，可谓周氏导之。”周济（1781~1839），字保绪，一字介存，晚号止庵，江苏荆溪人。嘉庆进士，官淮安府学教授。著有《味隽斋词》《词辨》《介存斋论词杂著》，并选有《宋四家词选》。周济主张自然而然地达到景情交融、主客观契合的境界，不主张有意识地去寻找依托之物。

常州派以寄托说相号召、强调词的深层意蕴，词风恬淡，笔致灵活，主盟词坛百年。

清后期词坛——西风残照

清代后期，新的时代背景赐予词坛新变和词派崛起的新契机，晚清知识分子也以悲慨心音的抒发，为清词史拉上了“西风残照”的悲壮帷幕。晚清词坛宗匠多是学者，属学人之词，如文廷式、王鹏运、郑文焯、况周颐、王国维等，词作风格在性情之外，还有学理的渗透，思致精微。他们的创作，给词灌注了新的生命因子，使其再生新变而得以继续发展。

文廷式（1856~1904），字道希，号芸阁，晚号纯常子，祖籍江西萍乡。出生于行武之家，虽然他幼时只知读书，但却成长于鼓角之声、仓皇之状中。十八岁起就客居幕府，往来于兵帅之间。军人豪爽的性格、忠于职守的态度、英勇敢为的精神给他的性格形成带来了深远的影响。文廷式学问渊博，通经学、史学、哲学、文学、佛学及自然科学等。他的词多有苏、辛风格，如《浪淘沙·赤壁怀古》："高唱大江东，惊起鱼龙，何人横槊太匆匆。未锁二乔铜雀上，哪算英雄？ 杯酒酹长空，我尚飘蓬。披襟聊快大王风。长剑几时天外倚，直上崆峒。"以酣畅淋漓之笔描绘了雄视百代、壮志凌霄的形象，兼具苏轼"酒酣胸胆尚开张"的气概和辛弃疾"长剑倚天"的风采。

"清末四大家"之一的朱孝臧称文廷式的词作在晚清词坛是"拔戟异军成特起"，从创作风格兀傲独特的角度充分肯定文廷式词作的地位。叶恭绰在他的《手批东坡词》中更是认为"近人唯文道希学士，差能学苏"。将其定位为晚清词坛唯一能追苏轼的作家。

这一时期的"清末四大家"，有王鹏运、郑文焯、朱祖谋（孝臧）、况周颐，他们互相切磋琢磨，形成风气。

王鹏运（1848～1904年），字佑遐，号半塘，原籍浙江绍兴，其先人宦游广西，遂为临桂人。叶恭绰赞其"转移风会，领袖时流""戏称为桂派先河"。他的词多关涉清末时事，透露出伤感的情调。《念奴娇·登旸台山绝顶望明陵》以怀古形式写一种现实的感触：

登临纵目，对川原绣错、如接襟袖。指点十三陵树影，天寿低迷如阜。一霎沧桑，四山风雨，王气销沉久。涛生金粟，老松疑作龙吼。

唯有沙草微茫，白狼终古，滚滚边墙走。野老也知人世换，尚说山灵呵守。平楚苍凉，乱云合沓，欲酹无多酒。出山回望，夕阳犹恋高岫。

朱祖谋（1857～1931），一名孝臧，字古微，号沤尹，又号强村，浙江归安人。光绪三十年（1904）为广东学政。两年后因病离职，寓居苏州，辛亥革命后移上海。有《强村丛书》。其诗大多词意闪烁，深涩难解。

郑文焯（1856～1918），奉天铁岭人。戊戌（1898）旅食苏州，为巡抚幕客，精通音律，雅慕白石。

况周颐（1859～1926），字夔笙，号蕙风，广西临桂人。有《蕙风词》，所作《蕙风词话》对常州词派的主张有所发挥。

王国维（1877～1927），字静安，晚号观堂，浙江海宁人。博学多识，治学范围极广。其生平著作甚多，身后遗著收为全集者有《王忠悫公遗书》《王静安先生遗书》《王观堂先生全集》等数种。他曾用三首词的三句话总结了作学问的三种境界，历来为人所称道：昨夜西风凋碧树，独上西楼，望尽天涯路；衣带渐宽终不悔，为伊消得人憔悴；众里寻她千百度，蓦然回首，那人却在灯火阑珊处。王国维的词作主要体现在《人间词》中，《人间词》追慕大家风范，甚至套用以往诗、词之“境”，融入自己之“意”，而造成新“境”。运笔流畅，意旨鲜明。王国维论词和填词的标准是：“大家之作，其言情也必沁人心脾，其写景也必豁人耳目。其词脱口而出，无矫揉妆束之态。以其所见者真，所知者深也。”如著名的《满庭芳·水抱孤城》：

> 水抱孤城，雪开远戍，垂柳点点栖鸦。晚潮初落，残日漾平沙。白鸟悠悠自去；汀洲外，无限蒹葭。西风起，飞花如雪，冉冉去帆斜。
>
> 天涯，还忆旧，香尘随马，明月窥车。渐西风镜里，暗换年华。纵使长条无恙，重来处，攀折堪嗟。人何许？朱楼一角，寂寞倚残霞。

王国维的诗作寄托了他为国为民的忧思，在《人间词》中可清晰地看到这样的风景：一边是涧畔双松，平冈叠翠，万树亭亭，势欲拼飞，争作翠云势；另一边是日暮乱飞鸦，极目萧条，已知庭树尽。故园的幽叹、人生的沉浮、家国的荣辱都化做了一片人间感悟。

晚清词坛还有一个特色就是词话成就显著。词话从诗话移植而来，是较有特色的文学批评形式。词话虽然是随感式的，外在理论形态不明显，但是著者论人评词因有其内在标准而成为反映清人词学观的最为重要的形式。清代词话作品众多，晚清词话犹可称道，陈廷焯《白雨斋词话》、况周颐《蕙风词话》、王国维《人间词话》都是经典性的词学论著。其他如沈雄《古今词话》、李调元《雨村词话》、宋翔凤《乐府余论》、谢章铤《赌棋山庄词话》等，均有可观，而其中尤以王国维《人间词话》为最。王国维在《人间词话》中提出著名的境界说，对中国诗词的美学特征作了最深刻的总结。

在道光后期至咸丰年间（1821～1861）的衰乱时世中，邓廷桢、林则徐、龚自珍等一批词人又以他们各不相同的气质、经历和方式共同唱出了感慨时代和国家危难的忧愤心绪。晚清词坛与国家的政治命运和社会背景联系得更为密切。

多变的追求——散文

明末清初，一方面受晚明小品文文风影响，一些人延承了明代小品文的传统，另一方面，一部分知识分子开始思考明代散文的文风，批评明代文风的空疏。前一类人以金圣叹、李渔等人为主，写了一些活泼、悠闲而富于文学趣味的作品，但在清初影响不大。对清代散文影响最大的是后一类人，他们又分作两类，一类是黄宗羲、顾炎武和王夫之等思想家，以黄宗羲成就最大。黄宗羲等人批评晚明文风“空无一物”，提倡经世致用，言之有物。黄宗羲的散文平实质朴，多为明清之际忠臣烈士的传记，文中保存了大量晚明资料，具有很大的史料价值。另一类是“清初三大家”，即侯方域、魏禧和汪琬。

清初三大家

对清代文风影响最大的还是“清初三大家”，他们效法唐宋古文，矫正了晚明纤窕的文风，为以后桐城派的出现起了开路作用。“清初三大家”以侯方域成就最高。

侯方域（1618～1655），字朝宗，河南商丘人。参加过复社。明末与方以智、冒襄、陈贞慧号称“四公子”，很有才华。明亡后，一度想归隐，但迫于清廷压力，参加了河南乡试。他的文风随时代变化而改变，徐作肃《壮悔堂文集序》说他“侯子十年前尝为整丽之作，而近乃大毁其向文，求所为韩、柳、欧、苏、曾、王诸公以几于司马迁者而肆力焉。”侯方域的散文才气焕发，文笔巧妙。主要作品有《李姬传》《马伶传》《朋党论》等。

魏禧（1624～1681），字冰叔，号裕斋，江西宁都人。明亡后，与其兄魏祥、弟魏礼隐居，三人均能文，合称“宁都三魏”。他一生不仕，坚持气节，文章好发议论，富刚劲慷慨之气。名作有《邱维屏传》《大铁椎传》。

汪琬（1624～1691），字苕文，号钝庵，人称钝翁、尧峰先生，长洲人。顺治进士，曾任翰林院编修、刑部侍郎等。他的文章语言朴实，结构严谨，但多本于六经，思想陈腐而无创新。自称写过散文五千余篇，著有《尧峰文钞》。

桐城派古文

古文在“清初三大家”对明代文风的扭转下，于乾隆时期，由方苞开创了桐城派古文。桐城派古文是继承古代散文传统而来的，也是清朝推行文化专制和崇奉程朱理学在散文上的结果。它控制了整个清代文坛，影响非常广泛，因为开创人方苞和对桐城派的形成有很大贡献的刘大櫆、姚鼐都是安徽桐城人，故称之为“桐城派”。

方苞（1668～1749），字灵皋、凤九，号望溪。康熙时进士，他曾因“南山集案”几乎身死，后经李光地等人援救被赦。在雍正、乾隆时期，以文章受到皇帝的赏识，官至内阁学士、礼部侍郎，死后被推崇为“桐城派”的开创人。他著述颇多，都收录在《方望溪先生全集》《集外集》《集外集补遗》中。方苞继承历代散文的传统，提出了“义法”这一概念，“义即《易》之所谓‘言有物’也，法即《易》之所谓‘言有序’也。义以为经，而法纬之，然后为成体之文”。也就是说“义”是文章的内容、意旨，“法”是文章的形式、文辞，要做到文章内容和形式的统一。而方苞的“义法”是有特定含义的，必须符合儒家典籍、程朱理学的宗旨，为统治者服务。为此，他要求把“文统”和“道统”密切结合起来，将散文创作从理论上规范化、系统化。方苞的文章，道学气浓厚，观念保守，艺术价值并不高，只有一少部分传记和游记还有清新之气。

方苞之后的刘大櫆是桐城派承上启下的人物。刘大櫆（1698～1779），字才甫，号海峰，方苞弟子。著有《海峰文集》《论文偶记》。他在文化上的建树并不高，但他既是方苞的弟子，又是姚鼐的老师，在桐城派的传承上地位很重要。他的主要观点是文章须讲“神气”，“神气者，文之最精处也”，重视文章的艺术形式的追求。其观点被姚鼐所继承发扬。

真正将桐城派推向成熟的是姚鼐。他是桐城派的中心人物，是桐城派的集大成者。姚鼐（1731～1815），字姬传，因其书房名惜抱轩，人称惜抱先生。他曾随刘大櫆学习古文，乾隆二十八年（1763）中进士，做过刑部郎中、四库馆修纂。他四十四岁辞官，在书院讲学达四十年之久，培养了大批弟子，壮大了桐城派的声势。著有《惜抱轩诗文集》《惜抱轩尺牍及补编》，另编有《古文辞类纂》。他在理论上对方苞和刘大櫆等人的观点作了总结与发挥，提出了义理、考证、文章三者合一以“相济”的主张。这也是受当时盛行的考据风气的影响，调和了和汉学家的矛盾，在古文理论里引入了考证。在散文创作方面，姚鼐提出“所以为文者八，曰神、理、气、味、格、律、声、色”，“神、理、气、味者，文之精也；格、律、声、色者，文之粗也。”这也将前代的理论进一步系统、全面地作了阐述。而且，姚鼐把文章概括为阳刚和阴柔两种风格，互有不同的美感，在文章中加以配合还会产生不同的文章意味，这已经涉及到了艺术美学问题。姚鼐在古文理论上的总结使桐城派成熟起来，控制了整个文坛，“自淮以南，上溯长江，西至洞庭、沅澧之交，东尽会稽，南逾服岭，言古文者，必宗桐城，号桐城派”。

姚鼐之后，桐城派因循熟套，僵化保守，在龚自珍、魏源等人的冲击下，越发显得没落。在曾国藩“中兴”桐城派之前，主要有姚鼐的弟子方东树、管同、姚莹和刘开，合称“姚门四大弟子”。另外，梅曾亮也名重一时，对桐城派的理论有些新的主张，但并没有在创作中贯彻，仍然缺乏现实内容，成就不大。但到同治年间，曾国藩对桐城派进行了修正，扭转了衰落的局面，一度走向“中兴”。在曾国藩门下聚集了一批文人学士，一时蔚然大观。

曾国藩（1811～1872），字伯函，号涤生，湖南湘乡人。自幼嗜好读书，推崇程朱理学，道光十八年（1838）进士。他是清代中兴第一名臣，举办湘军，镇压太平天国运动，兴办洋务，对“同治中兴”局面的出现起了重要作用。曾国藩对桐城派的修正主要是在姚鼐提出的义理、考据、文章之外，加入“经济”，以纠正桐城派空谈性理、脱离实际的弊端。他还重视古文的文学性，要求讲求文采，“平生好雄奇瑰玮之文”。这使他在一定程度上纠正了桐城派保守僵化的文风，而且更加强化了以程朱理学为宗旨的立场，《曾国藩家书》在历史上影响深远。他还利用政治地位广揽人才，一时名士尽入门下，使桐城派热闹一时。张裕钊、吴汝纶、黎庶昌、薛福成号称“曾门四弟子”。他们继续加强古文的经世作用，并接受了西方的新思想，后来的严复、林纾还以翻译西方作品著称，已经大相径庭于传统的桐城派。

传统古文

在桐城派古文风行天下之际，一些人不喜欢桐城派的僵化、保守，而独辟蹊径，为散文创作增添了活力。袁枚、郑燮、全祖望就是突出的代表。袁枚不仅诗作得好，古文水平也很高。他的文章完全来自内心感受，厌恶桐城派的道学气息。郑燮的散文以家书富有特色，琐碎之事，随口拈来，亲切自然。

全祖望（1705～1755），字绍衣，号谢山，浙江鄞县人。清史学家、文学家。乾隆元年进士。曾任翰林院庶吉士，后受权贵排斥，辞官还家。他在学术上继承黄宗羲，编有《宋元学案》，曾七校《水经注》，对史料校订有所贡献。散文收在《鲒埼亭文集》里。他的散文主要是明末清初抗清志士的碑传之作，如史可法、张煌言、陈子龙等。由于他的史学功底深厚，文章资料丰富，事迹可靠，叙事清晰，充满感情，所以这些作品具有很强的文学感染力。他对散文创作的探索为龚自珍、魏源等人提供了借鉴。

这时期，骈文创作又有了新气象。自从唐宋以后，散文在唐宋八大家的推动下，成为文章的正宗，两汉魏晋风行的骈文影响越来越小。元明鲜有骈文佳作名家出现，而清代骈文再度中兴，在清中期出现兴盛的局面。

清代骈文之所以中兴，一是受明末复社提倡骈文影响，骈文本身的古雅使文人对它不舍放弃，再就是清代汉宋之争在古文上的反映。桐城派是宋学，以宣扬程朱理学为宗旨，内容僵腐空洞；汉学家是朴学，讲究考据，注重文章的骈偶、用典、辞藻，所以多擅长骈文。这一时期，名家迭出，流派纷呈，骈文名家有胡天游、汪中、袁枚、邵齐焘、孙星衍、洪亮吉、孔广森等。而较有影响的流派则主要是以汪中为代表的扬州派和以洪亮吉为代表的常州派。

汪中（1744～1794），字容甫，江苏江都（今扬州）人。他无意功名，愤世嫉俗，不喜宋儒之学。他的骈文崇尚六朝，流丽生动，自然感人，在清代骈文中水平最高。名作有《广陵对》《哀盐船文》《经旧苑吊马守贞文》等，都展现了他鲜明的个人特色。因汪中是扬州人，故这一风格的作家被称为扬州派。

洪亮吉（1746～1809），字君直、稚存，号北江，江苏常州人。他博学多才，诗文俱佳，经史方面也很有见地，还是我国古代著名的人口专家。他的骈文，绮藻丰缛，宕逸清健，喜欢骈散并用，风格和孙星衍等人相近，而且都是常州人，故称常州派。

传统古文中的骈文在晚清也还有影响，最著名的有王闿运和李慈铭。王闿运以诗名最高，骈文也宗法魏晋，骈散兼长；李慈铭擅长骈文，“文体必本骈偶”，致力于骈文创作。他的骈文模拟六朝文风，辞藻华丽，文字精练。

梁启超和“新民体”

龚自珍、魏源等人倡导的经世文派在晚清也继续得到继承。同治时，冯桂芬、王韬继承了龚、魏重性情与自我的精神，并积极学习西方政治文化，给古文带来了新的内容，成为康有为、梁启超创立“新民体”的先驱。在宣传维新变法思想的过程中，康有为、梁启超等人逐渐形成了一种新的文体，因为大多发表在《新民丛报》，故称为“新民体”或“新文体”。这种文体的内容完全是新的，名词是新的，描绘的事物是新的，表达的思想也是新的。由于吸取了经世文派通俗务实的优点，新文体通俗流畅、条理明晰，能够为更多的人所理解，所以一经出现便极大地冲击了传统古文，为后来的白话文的兴起开辟了道路。

这一文体的主要代表是康有为、谭嗣同和梁启超，尤以梁启超成就最高。

梁启超（1873～1929），字卓如，号任公，笔名用过饮冰室主人、新民子等，广东新会人。他是中国近代资产阶级改良派的著名政治活动家、思想家、文学家和学者。他十六岁就中秀才，后随老师康有为宣传维新思想。

1896年，梁启超在上海创办《时务报》，刊载了大量文笔华美、立论新颖的散文，极大地鼓动了变法运动。变法失败后，梁启超逃亡海外，在政治活动的同时，致力于文化革新，先后提出了“诗界革命”“小说界革命”等口号，为传统文化向现代发展起了很大的促进作用。梁启超在哲学、佛学、史学、政治经济学、先秦诸子学、文学等多个领域的学术研究上取得了丰硕的成果，是近百年间不可多得的“百科全书”式的天才学人。他的新体散文在近代历史，无论在政治上、思想上，还是文学上，都产生了很大影响。严复在《与熊纯如书》中说：“梁任公笔下大有魔力，而实有左右社会之能。”可以说，梁启超的文章在整个中国近代散文史上都是无与伦比的。他的散文都收集在《饮冰室合集》里，计一百四十八卷，一千余万字。

资产阶级革命派兴起后，他们的宣传文章更加通俗，大量采用通俗语言。章太炎曾说：“感恒民当如是。”为了达到革命主张的深入人心，革命派文人主动向白话文贴近，并在新文化运动后迅速接受了白话文，邹容、陈天华是比较有特色的代表人物。邹容的《革命军》文体接近新文体，陈天华的《猛回头》和《警世钟》更是向民歌、弹词等民间文学形式学习，对于宣传革命主张起了很大作用。

心性流淌——小说

清代小说文言与白话并行，雅俗共赏，在各方面都取得了显著的成就。《聊斋志异》、《儒林外史》和《红楼梦》就是清代文学了不起的收获。晚清的讽刺小说也起到了针砭时弊的时代作用。在小说的空间里，人物的心貌百态或婉转或直白地流淌出来，呈现了另一个人间。

文言与白话——诉诸笔端的人生

清初小说创作也是沿承明后期小说的全面繁荣，出现了一批优秀作品，为中期小说的繁盛做了铺垫。在文言小说方面，清初成就不大，基本没有出现什么好的作品。清初主要是白话小说，最著名的是李渔的白话短篇小说，收集在《无声戏》和《十二楼》中。两部小说集共收录了三十篇小说，题材以爱情和婚姻为主，具有很高的思想和艺术价值。李渔的小说借鉴了戏剧艺术的表现手法，情节曲折，矛盾集中，故此他将自己的小说集起名《无声戏》。

其他短篇白话小说还有薇园主人的《清夜钟》和艾衲居士的《豆棚闲话》。《清夜钟》刊行于顺治初年，反映了明清之际社会动荡的状况；《豆棚闲话》取材于明末社会现象，它的写法非常有新意，全书从早春豆棚初架开始，一些人在豆棚下轮流讲自己的所见所闻，直到秋季豆棚拆倒为止，共讲述了十二个故事。

此外，清初还有几部白话长篇小说出现。清初社会动荡、矛盾尖锐，因此小说家借古讽今，取材于历史故事，历史小说和英雄传奇小说由此而兴盛。如《水浒后传》《说岳全传》等都出现在这一时期。

《水浒后传》是《水浒传》的续作，作者陈忱（1590？～1670？）。小说共有四十回，描写了梁山好汉李俊、阮小七在宋江死后，不能忍受朝廷的欺压愤而起义的故事。书中特别描写了起义军抗击金军的情节，并给义军设计了转向海外建立基业的结局，不能不说这是对作者所处历史阶段的暗喻。

《说岳全传》题为钱彩所作，作者生平不详。本书未脱话本小说形式，是通过对明熊大木《宋武穆王演义》、邹元标《岳武穆王精忠传》、于华玉《岳武穆尽忠报国传》和其他讲唱文学改编而成。全书八十回，讲述了岳飞出生、习艺、充军、抗金的一生，对岳飞一生中的重大经历如牛头山大捷、十二道金牌、惨死风波亭都做了细致的描写。小说歌颂了岳飞精忠报国的英雄业绩，痛斥了秦桧等奸臣的卑鄙嘴脸，而且作者也虚构了一个结局：岳飞死后，他的儿子岳雷和牛皋等人继续抗金，直捣黄龙府，气

《聊斋志异》图

死金兀术，取得抗金最后胜利。

进入“康乾盛世”后，由于社会趋于稳定，商品经济发达，在小说创作上，中国古典小说达到顶峰。这一时期是小说的全盛期，面向社会现实成为小说创作的主流。他们对社会都有透彻的认识，对封建社会的腐朽和虚伪作了无情的揭露，以《聊斋志异》《儒林外史》《红楼梦》为代表的一批优秀作品达到了中国传统小说的最高水平。传统小说的各种体裁都比前代大大发展，而且小说的创作都已经是文人自己的创作，而不再是对话本的改编，这就更能表达出作者的主体意识。

文言小说自唐代传奇兴盛一时后，随着宋元话本小说的发展，影响日益衰微。到明代，随着小说的繁荣，文言小说的灵活性得到文人的喜爱，出现了一批笔记小说，这些小说以记述奇人异事、世故人情为主。清代在明代笔记小说的基础上，文言小说又得到长足发展。在这一阶段，文言小说可以分为传奇体和志怪体两种，前者以蒲松龄的《聊斋志异》为代表，后者以纪昀的《阅微草堂笔记》为代表。

蒲松龄（1640～1715），字留仙，又字剑臣，别号柳泉居士，山东淄川人。蒲松龄出身在一个下层知识分子家庭，自幼聪慧，但科举始终不顺，直到七十二岁才援例补了个岁贡生。他一生的大部分时间以教书为业，过着寄人篱下、穷困潦倒的生活，这使他能够接触到下层百姓的悲惨生活，认清官场的腐败。坎坷的一生和丰富的经历使蒲松龄创作了大量优秀的作品，除了写狐写鬼的《聊斋志异》外，还有长篇小说《醒世姻缘传》。另外，他还写有诗词俚曲，其中俚曲价值很大，具有浓厚的民间文学色彩。蒲松龄还非常热心于编写通俗的读物为农民生活服务，如《药祟书》《农桑经》《日用俗字》等。可以说，蒲松龄是具有强烈人道主义关怀的文学家。

《聊斋志异》是蒲松龄数十年收集创作的短篇小说集，共有近五百篇。从性质上说，《聊斋志异》属于志怪小说，主要描写鬼狐故事，但艺术水平远远超出前代志怪小说。《聊斋志异》中有许多是揭露政治黑暗的，表达了作者对社会下层人民的深切同情，如《席方平》《促织》

《梦狼》等；还有一些是作者一生经历的感触，痛斥了科举考试对人性的摧残，如《叶生》《王子安》《胡四娘》等；而篇幅最多的是描写狐鬼和人恋爱的故事，塑造了许多受人喜爱的女性形象。虽然她们或鬼或狐，可个个性情高洁、超凡脱俗，敢于追求，蔑视礼教，曲折地反映了作者对封建礼教的不满。在这类故事中，最出色的是《婴宁》和《小翠》。《聊斋志异》无论是思想性，还是艺术性都达到了文言短篇小说的最高水平。

纪昀（1724～1805），字晓岚，直隶献县人。他曾主持编纂《四库全书》，是著名的学者。《阅微草堂笔记》是他唯一的作品集，共有二十四卷，包括《滦阳消夏录》、《如是我闻》、《槐西杂志》、《姑妄听之》和《滦阳续录》五部分，约一千二百则。纪昀坚持笔记小说的传统，不满蒲松龄用虚构的想象来创作的写作手法。他追摹六朝志怪小说质朴简淡的文笔，叙事不加雕饰，鲁迅在《中国小说史略》中说他“雍容淡雅，天趣盎然”，但与《聊斋志异》相比，纪昀的作品就失色多了。《阅微草堂笔记》内容广博，包罗万象，有鲜明的反理学倾向。

其他文言小说在这一时期都不脱传奇与志怪两种类型。传奇类除《聊斋志异》外，还有浩歌子的《萤窗异草》、沈起凤的《谐铎》等；志怪类除《阅微草堂笔记》外，还有袁枚的《新齐谐》、梁恭辰的《池上草堂笔记》等。文言小说在蒲松龄和纪昀以后就走向没落了。

进入康乾盛世后，清代白话小说空前繁荣。从明末清初以来延续明代小说以演义和英雄故事为主的创作题材开始发生改变，《金瓶梅》使写实主义的创作方向得到进一步发扬，《儒林外史》和《红楼梦》将写实主义推向小说创作的主流。

吴敬梓（1701～1754），字敏轩，号粒民，晚年号文木老人，安徽全椒人。他出生在一个没落官僚家庭，年轻时一心想科举成名，但父亲亡故后，家族内纷纷觊觎遗产，使他看透了缙绅世家的虚伪和世态的炎凉。他开始放浪形骸，挥霍家产。短短几年，家产挥霍一空，吴敬梓被当做“败家子”，在家乡无法立足，于是搬到了南京居住。在南京，他过着“日唯闭门种菜，偕佣保杂作”的贫困生活。虽然“富贵非所好”，“贫贱安足悲”，可也让他对世态的炎凉有了更深的体会，看清了清朝统治的腐败和社会的污浊。《儒林外史》就是他在这段时间里写成的。

《儒林外史》共五十六回，但有后人窜入的内容，是我国最著名的批判现实主义的讽刺小说。它以明代为背景，以科举考试为中心线索，串联起几个连环故事，它的中心主题就是揭露科举考试对知识分子的精神毒害以及由此引出的社会的污浊面貌，因而《儒林外史》被称做“讽刺杰作”。吴敬梓的讽刺和前代或同代作品中的讽刺艺术不同，他们或通过暴露社会生活的一面来达到讽刺效果，或通过滑稽的形式烘托出讽刺的意味。吴敬梓的讽刺如鲁迅在《中国小说史略》中所言："迨吴敬梓《儒林外史》出，乃秉持公心，指摘时弊，机锋所向，尤在士林；其文又戚而能谐，婉而多讽，于是说部中乃始有足称讽刺之书。"在吴敬梓笔下，创造了许多具有讽刺意味的人物形象，如迂腐寒酸的马二先生、吝啬鬼严监生等，都给人们留下了深刻的印象。

《儒林外史》更大的成就表现在它的写实性上，是我国第一部社会小说，"吾国社会小说之嚆矢也"。它进一步向非传奇性发展，不再描绘奇人异事，而是把视线投向世俗社会，完全取材于现实，而且吴敬梓以严肃而自觉的批判精神对社会和民众的心理进行了深入剖析，已经具有了现代小说的特征。

曹雪芹（1715～1763？），名霑，字芹圃，号雪芹、梦阮、芹溪，满洲正白旗，祖上是汉人。因其曾祖母是康熙的奶妈，曹雪芹的祖父曹寅成为康熙的伴读。康熙亲政后，曹家发迹，三代袭任江宁织造达六十余年，成为皇帝在江南的亲信耳目。康熙六次南巡，四次驻跸江宁织造署。曹雪芹就生长在这样一个锦衣玉食的富贵家庭。然而，康熙死后，曹家开始失势，曹雪芹的父亲被革职抄家，全家迁回北京居住。当时曹雪芹大约十三四岁，亲身感受了家族的败落。他在北京的生活很贫困，有时"举家食粥酒常赊"。1762年他的爱子夭亡，曹雪芹悲痛过度，

曹雪芹画像

很快也去世了。

《红楼梦》初名《石头记》，共一百二十回，曹雪芹“披阅十载，增删五次”，整理出了前八十回，后四十回是由高鹗续补的。《红楼梦》版本很多，有抄本和刻本两个系统。抄本大多有八十回，多附有脂砚斋等的评语，故又称脂本。刻本均为一百二十回，由程伟元在乾隆五十六年（1791）初次排版刻印，开始改名为《红楼梦》。次年又刻印了一次，因有程伟元的序，又称程本。刻本后四十回由高鹗所续，虽然艺术水平上和前八十回差距很大，有些情节也不符合曹雪芹的原意，但故事情节基本完整。现在通行的《红楼梦》就是以高鹗续补的版本为底本校点整理的。

《红楼梦》一问世，即“遍于海内，家家喜阅，处处争购”。《红楼梦》以贾府这一富贵世家为舞台，贾宝玉、林黛玉的爱情故事为中心线索，展示了这一家族的兴衰，描写了诸多青年男女的悲惨命运。它通过对贾府的描写，折射出封建社会走向没落的景象，多方面暴露了封建社会上层的腐朽、荒淫和虚伪，预示了必然崩溃的结局。《红楼梦》的中心是贾宝玉和林黛玉的爱情故事，两人对爱情的执著追求和最终的悲惨命运，再加上大观园里其他女性的婚姻悲剧，这都揭示了封建礼教对人性的摧残。

《红楼梦》是古典小说的高峰，鲁迅说：“自有《红楼梦》出来以后，传统的思想和写法都打破了。”它是一部“彻头彻尾的悲剧”，“字字看来皆是血，十年辛苦不寻常”。它的结构宏大而浑然一体，情节生动而发人深思，语言运用炉火纯青，人物形象鲜明而栩栩如生，从各方面来说都达到了中国小说前所未有的成就。因此，从《红楼梦》诞生开始，对它的研究不断深入，嘉庆、道光年间就形成了专门的学问——“红学”。二百多年来，就如鲁迅在《集外集拾遗》中所说：“经学家看见《易》，道学家看见淫，才子看见缠绵，革命家看见排满，流言家看见宫闱秘事。”各种派别从不同角度对《红楼梦》进行了不同的解读，至今方兴未艾。

嘉庆、道光以后，小说创作急剧萧条，几乎没有出现比较好的作品。李汝珍的《镜花缘》算是这一时期小说的代表作，还能在小说史上占有一定地位。

李汝珍（1763？~1830？），字松石，直隶大兴人。他学问渊博，兴趣广泛，经史音律，医算星卜，均有涉猎。《镜花缘》是他花费二十年时间，三易其稿而成。全书一百回，写百花仙子因武则天诏令寒冬开放而违反天条，被贬入凡尘，变为一百个女子。小说内容分成两部分，前半部写唐敖等人游历海外的奇异经历，并引出百花仙子转世的女子；后半部写这一百个女子参加武则天的女试，在庆贺宴会上各显才艺。《镜花缘》歌颂了女子的才华，反映了作者男女平等的思想观念，这是它的精华之处。但也有许多封建糟粕思想，比如宣扬因果报应，鼓吹封建礼教，而且情节松散，鲁迅在《中国小说史略》批评它“论学谈艺，数典谈经，连篇累牍不能自已”。

这一时期的其他小说多是迎合下层市民低级趣味的几部“闲书”，如陈森的《品花宝鉴》、魏秀仁的《花月痕》、俞万春的《荡寇志》和文康的《儿女英雄传》等。这些书写作手法陈旧，内容低俗、反动，思想和艺术成就都不大。

谴责与讽刺——晚清小说的现实主题

在清朝后期，小说创作在经历了短暂消沉后，又一度达到繁荣。在19世纪末，梁启超等人提出了“小说界革命”的口号，对小说在文学上的地位给予了充分肯定——

“小说为文学之最上乘也”。认为小说可以有宣传新文化、提高国民素质的社会功能。而且这一时期报纸业发达，印刷技术采用西式排字印刷和石印印刷，小说的出版和流通都大大扩展，从而使小说在古代文学史上第一次完全占据主流地位。晚清时期，大约产生了五百余部小说，质量也很高，如晚清四大谴责小说《官场现形记》、《二十年目睹之怪现状》、《老残游记》和《孽海花》，都达到了很高水准。

李宝嘉（1867～1906），又名宝凯，字伯元，号南

清末时局图

亭亭长，江苏武进人。曾以第一名考取秀才，但他的功名心在社会形势的改变中逐渐淡薄。三十岁时，他来到上海，先后创办了几份文艺性报纸，并曾担任著名的小说期刊《绣像小说》的主编。他创作了大量的小说，成为专业的小说家。《官场现形记》是他的代表作，还有《文明小史》《活地狱》《中国现在记》等长篇小说以及弹词《庚子国变弹词》和《醒世姻缘弹词》。

《官场现形记》共六十回，写于他逝世前几年，原计划写一百二十回，只完成一半就去世了。此书揭露了晚清官场的腐败和为官者的道德败坏，阿英的《晚清小说史》说他是“讨伐当时官场的檄文”。小说结构和《儒林外史》类似，由许多彼此独立的短篇故事连缀而成，涉及官场各个方面。既有最下级的典史，又有王公大臣、太监督抚，作者一一将他们“现形”，展示清王朝的腐朽不堪，促使人们不要再对清王朝抱有任何幻想。不过，作者为了达到加深效果、吸引读者的目的，而以“现形”为快，结构松散、剪裁不当，人物形象不够鲜明，削弱了作品的思想性和艺术性。

吴沃尧（1866～1910），字小允，又字茧人，后改趼人，因祖籍广东佛山，自号我佛山人，生于北京。他二十多岁就到上海谋生，做过抄写员，常为报纸投稿。1903年开始在梁启超主编的《新小说》上发表作品，以《二十年目睹之怪现状》轰动一时。1906年，他和周桂笙创办《月月小说》，自任主笔。他和李宝嘉一样，是最早的专业小说家，在短短的时间里，创作了三十余种小说，被誉为“小说巨子”。除《二十年目睹之怪现状》外，还有《恨海》《痛史》《九命奇冤》《电术奇谈》等长篇小说。短篇小说收集在《吴趼人十三种》中，还有其他作品被编为《趼廛笔记》《我佛山人笔记四种》《我佛山人滑稽谈》《我佛山人札记小说》等出版。

《二十年目睹之怪现状》共一百零八回，前四十五回连载在《新小说》杂志上，全书完成于1909年。小说描写了主人公“九死一生”，自1884年中法战争起，二十年间目睹的各种怪现状，涉及当时社会的各个层面，较《官场现形记》揭露面要广。它也是描写社会的阴暗面，对晚清官场和社会作了淋漓尽致的揭露，反映了清末的社会百态。它的不足和《官场现形记》一样，为求吸引眼球反而降低了作品的可信度，而且，吴沃尧把问题归结为“人心不古”，主张通过加强道德教化来挽救社会沦丧。

刘鹗（1857～1909），原名孟鹏，后改名鹗，字铁云，别署洪都百炼生，江苏丹徒人。出身于官僚家庭，受过良好的教育，对数学、水利、医学、古文字都有研究。既从事过医生、商人等职业，也做过知府，办过洋务。八国联军侵占北京后，刘鹗用低价购买俄军掠夺的太仓储粮以赈济灾民，后以“私售仓粟”被劾，谪徙新疆而死。刘鹗接触过西方的科技文化，除创作小说《老残游记》外，还有诗词集《铁云诗存》，算术著作《勾股天元草》《孤三角术》，水利著作《历代黄河变迁图考》《治河七说》《治河续说》，甲骨文研究著作《铁云藏龟》等，涉猎领域非常广泛。

《老残游记》共二十回，另还有一部分残稿，署名“洪都百炼生”。1903～1906年创作完成初编，以游记式写法，叙述了江湖医生老残游历各地的所见所闻，描绘了晚清的社会政治状况。小说的结构也是由老残串起一个个故事，结构略显松散，也有夸大之处，但由于刘鹗文化功底很深，语言清新流畅，鲜明生动，鲁迅说他“叙景状物，时有可观”。他对千佛山的景致、大明湖的风景、白妞的说书、桃花山的月夜，都描写得细致入微，不啻为一篇篇优美的散文。当然，刘鹗主要的目的是揭露时政，宣扬政治主张。刘鹗的思想和洋务派很接近，所以在书中咒骂“北拳（义和团）南革（革命党）”是国家的“疫鼠”“害马”。他也揭露了顽固派所谓的“清官”的真实嘴脸，名为清官，实为酷吏。认为通过提倡科学、发展洋务，即可挽救危亡的局面，这也是作者自身的局限性造成的。

曾朴（1872～1935），初字太朴，后改孟朴，江苏常熟人。他少年得志，二十岁即中举人，但赴京会试却因试卷墨污而名落孙山。甲午战后，感于国事，入同文馆学习法文，以“为国宣劳”。曾朴在上海和谭嗣同、林旭等维新人士来往密切，共同谋划新政。变法失败后，曾朴惧而回乡，在家乡倡导新式教育。1903年再赴上海，积极参加政治活动和实业创办，同时还创办小说杂志。辛亥革命后，曾朴被选为江苏省议员，做过江苏省财政厅长。晚年还创办过“真善美”书店，出版《真善美》杂志，一生热衷于文化事业。曾朴著述颇丰，还曾翻译了大量法国文学作品，第一次把《巴黎圣母院》翻译成中文。《孽海花》使他在中国文学史上占有一席之地，在近代历史上影响很大。

《孽海花》署名“爱自由者发起，东亚病夫编述”。爱自由者指金松岑，他写了前六回，东亚病夫是曾朴，接手续写完成。1904～1907年完成前二十五回，后十回是在1927年以后完成的，并不算完全的清末小说。《孽海花》的主要内容是同治初年至戊戌变法前三十年间的政治、外交及社会的动荡形态。它以状元金雯青和妓女傅彩云的故事为线索，暴露了清朝的腐朽与黑暗以及帝国主义国家的侵略野心，反映“中国由旧到新的一个大转关”，带有资产阶级民主革命倾向。鲁迅评价其“结构工巧，文才斐然”，在不长的时间里，先后再版十余次，是晚清较为成功的作品。但以跨度如此之大、范围如此之广的历史画卷系于金、傅的爱情婚姻生活上，不免单薄了点，而且终不脱晚清小说为增加效果而玩噱头的弊病。不过，瑕不掩瑜，《孽海花》还是一部当之无愧的名著。

丰富多彩的舞台艺术——戏剧

清代戏剧延续了明代戏剧的高度繁荣，戏剧创作和戏曲理论都进一步向前发展。清朝前期戏剧创作有多个流派交相辉映，康熙年间出现了“南洪北孔”两座传统戏剧的高峰，此后出现两个新的剧种——花部和京剧。清末，伴随着剧烈的社会变化，戏剧改良拉开了帷幕。

前期传统戏剧创作——一分为三

清前期戏剧创作主要有三个流派：以李玉为代表的苏州派，他们以苏州为活动中心，常合写戏剧；李渔的戏曲理论和纯娱乐戏剧创作；文人化戏剧创作。

明后期以来，苏州就是戏剧创作和演出的中心。苏州商品经济非常发达，一直是江南地区的中心城市之一。清军在江南的大肆屠杀也使清初期社会潜伏着人们对清王朝的仇恨，这些都促进了戏剧的发展。由于大部分剧作家多为苏州人，以苏州为活动中心，而且他们往来密切，相互影响，故称之为“苏州派”，其中以李玉最为著名。其他还有朱佐朝、叶时章、张大复等人。

李玉（1591？～1671？），字玄玉、元玉，号苏门啸侣，又号一笠庵主人。史书对其生平记载很少。据记载他曾为明代大学士申时行的家人，后曾中副榜举人，明亡后绝意仕途，以戏剧创作为生。李玉是明末清初创作最多的戏剧家，有传奇六十种，尚存十八种。另外，他还参照徐于室的《北词九宫谱》编订出《北词广正谱》，共收录北曲曲牌四百四十七个，是研究北曲曲律的重要著作。李玉的剧作以《一捧雪》和《清忠谱》最为出名，其中《清忠谱》创作于清初，取材于明末苏州市民反抗阉党的斗争，刻画了新兴市民阶层的形象，丰富了戏剧创作。“苏州派”以创作政治题材的戏剧为主，反映社会下层和市民阶层的戏剧较多。他们的剧作适合舞台演出，强调适应观众需要，推动了清初昆曲的发展。

李渔（1611～1680），字笠鸿，号笠翁，另有觉世稗官、新亭樵客、湖上笠翁等号，时人称他“李十郎”，兰溪人。李渔是我国古代戏曲理论的集大成者，是清前期著名的剧作家和戏曲理论家。李渔在戏曲理论方面的总结主要收录在《闲情偶寄》里。其中《词曲部》论述戏曲创作理论，《演习部》论述舞台艺术“登场之道”。他对传统戏曲的理论批评达到了一个划时代的高峰。李渔的戏剧创作有《笠翁传奇十种》，以《比目鱼》最为感人。李渔的戏曲内容新奇、结构巧妙，艺术水平很高。他主张戏剧就是为了让观众欢笑，在《风筝误·末出尾声》中宣称：“唯我填词不卖愁，一夫不笑是吾忧。”他是第一个为戏剧而戏剧的剧作家，明确以观众需要创作戏剧。这使他取得了很大成就，“天下妇人孺子，无不知有湖上笠翁者”。

文人化剧作主要是诗人等的兼作，借戏曲来抒发他们的内心苦闷。因此，这类剧作并不重视舞台效果，不太适合演出，只能算做“案头之曲”、书面戏剧。明末清初，代表人物主要有吴伟业、尤侗、嵇永仁、王夫之等。

吴伟业创作的传奇《秣陵春》和杂剧《临春阁》、《通天台》均为哀悼明亡之作。

尤侗（1618～1704），字同人、展成，号悔庵、艮斋、西堂老人，长洲人。他工诗文，善南北曲，戏剧收录在《西堂乐府》中。主要作品有传奇《钧乐天》，杂剧《读离骚》《吊琵琶》《桃花源》等五种。杂剧题材都是选自古代历史故事，以表达对现实的不满。其剧作戏剧性不强，情节也很老套，但文辞老练优美，气势激昂慷慨。

嵇永仁（1637～1676），字留山，号抱犊山民，无锡人。因耿精忠叛乱而被清廷囚禁，后自杀。主要作品《续离骚》是他在狱中所作，包括四个单折短剧：《刘国师教习扯淡歌》、《杜秀才痛哭泥神庙》、《痴和尚街头笑布袋》和《愤司马梦里骂阎罗》。借用他们之口抒发悲愤之情。

南洪北孔——传统戏剧的两座高峰

康熙中后期，随着国内局势的稳定，文人内心的亡国之痛开始渐趋平静。他们开始以更多的感伤而不是希图光复国土的态度来看待明的灭亡，在心理上已经接受了清朝的统治。戏剧在延续明代戏剧繁荣的基础上，诞生了戏剧史上最杰出的两部作品——洪昇的《长生殿》和孔尚任的《桃花扇》。这两部都是爱情故事和政治环境相交织的悲剧作品，政治环境的改变使爱情也因之丧失，寄托了作者感时伤怀的心情。洪昇和孔尚任以他们的名作而被称为“南洪北孔”，是中国传统戏剧史上的两座高峰。

洪昇（1645～1704年），字昉思，号稗畦，钱塘人。出身于官宦世家，受到良好的教育，但在二十余年的求仕过程中未获得一官半职。“三藩”之乱时，家庭也发生变故，生活日益贫困。《长生殿》就是在这种背景下写成的。

《长生殿》于康熙二十七年（1688）写成后，立刻震动了剧坛，但次年却因在佟皇后丧期内演出而获罪，洪昇被革去了国子监生籍，“可怜一曲《长生殿》，断送功名到白头”。此后洪昇便放浪江浙之间，不幸在吴兴乌镇“醉后登舟”，溺水而死。洪昇创作的戏剧大约有四十余种，但仅存传奇《长生殿》和杂剧《四婵娟》。此外，洪昇还工诗擅文，今存《稗畦集》、《稗畦集续集》和《啸月楼集》。

《长生殿》取材于唐玄宗和杨贵妃的爱情故事。历代把这个故事作为素材创作出戏剧、诗歌、小说的不胜枚举，成为名作的就有白居易的《长恨歌》、乐史的《杨太真外传》、白朴的《梧桐雨》等。洪昇历经十余年，三易其稿而始成。他将唐玄宗和杨贵妃的故事净化，去掉了杨贵妃与别人的一些行迹，更加突出了全剧的爱情主题。全剧有五十出，描写了李杨的生死爱情，曲词优美，情节曲折丰富。《长生殿》在艺术上的成就使以往描写唐玄宗和杨贵妃的戏剧相形见绌，达到清代戏剧的最高水平，被称做“千百年来曲中巨擘”。

孔尚任（1648～1718），字聘之，又字季重，号东塘、岸堂，自称云亭山人，山东曲阜人。他是孔子的第六十四代孙，自幼苦读“四书五经”，中年后隐居曲阜石门山中。康熙南巡路过曲阜时，大祭孔庙，孔尚任被推御前讲经，受到赏识，“特简为国子监博士”。之后，在北京、扬州等地为官多年，搜集了大量南明史料。在石门山隐居时他就已经开始创作《桃花扇》，苦心经营十余年，也是三易其稿，于康熙三十八年（1699）最后定稿。

《桃花扇》写的是南明近事，“借离合之情，写兴亡之感”。故事背景反映南明的历史，基本都是史实，“实事实人，有凭有据”。全剧以复社文人侯方域和秦淮名妓李香君悲欢离合的爱情故事为主题展开，将爱情故事和南明历史结合在一起，深刻揭露了南明灭亡的历史原因。全剧基调悲凉深沉，梁启超在《饮冰室丛话》里说它是“一部哭声泪痕之书”。《桃花扇》塑造了大量的人物形象，侯方域、李香君、史可法等正面人物和马士英、阮大铖等反面人物都刻画得非常成功。李香君是作者着力塑造的中心人物，爱憎分明，聪明勇敢，热爱祖国，是中国文学史上著名的妇女形象之一。《桃花扇》全剧四十出，剧情复杂，人物众多，但又秩序井然，层次分明，体现了作者高超的语言驾御能力。它与《长生殿》可以说是中国古典戏剧的最后杰作。

花部兴起

在《长生殿》和《桃花扇》之后，昆曲、杂剧逐渐衰微，为花部和后来的京剧所代替。

花部是指各种地方戏曲，是和雅部昆曲相较而言，李斗《扬州画舫录》认为“雅部即昆山腔，花部为京腔、秦腔、弋阳腔、梆子腔、罗罗腔、二簧调”。花部之所以能够逐渐取代昆曲、杂剧，一方面是因为它贴近群众，富有生命力，另一方面也是由于雅部自身的衰落。雅部衰落是因为它脱离现实和舞台，只追求文字的优美而成为案头剧，这也是受当时的政治环境影响。乾隆以后，政府加强了文化上的控制，文人们不敢在作品中表达自己的人生感悟，而且，宫廷还组织大批剧作家创作宫廷庆典所用的歌功颂德的大戏，使宣传伦理道德、粉饰太平盛世的剧作占据主流，从而使作品失去了生命力。在洪昇和孔尚任之后，比较有名的剧作家还有唐英、蒋士诠、杨潮观等人。他们的作品以宣扬封建礼教为主，说教色彩浓厚。不过，戏剧的语言曲辞都很有文采，许多作品被改编为花部和京剧的剧目。

后来，京剧的流行也促进了各地地方戏曲的发展，就在京剧兴盛时，地方戏种也形成了“南昆、北弋、东柳、西梆”四大声腔。昆腔形成于元明时期，在清末以来，分为南昆（苏昆）、北昆（京昆）及湘昆等。它在清末京剧的冲击下，已经衰微了，不过，昆腔后被湘剧、川剧、赣剧等地方戏曲所吸收；北弋是从明代弋阳腔发展而来的，也就是高腔。它只用打击乐，一人台上独唱，众人台下帮腔。它也被保存在川剧、婺剧、湘剧等地方戏曲中；西梆起源于西北一带，后流行于北方，用硬木梆子打节拍，音调高亢激昂，粗犷健壮，有陕西秦腔，山西中路梆子、北路梆子、上党梆子，山东曹州梆子、莱芜梆子、章丘梆子以及河南梆子、河北梆子等；东柳即柳子戏，也叫弦子戏，由河南和山东相邻地区的民间小调发展而来。属于这一声腔的戏曲很多，黄梅戏、花鼓戏、山东柳子戏等都属东柳声腔。东柳质朴活泼，通俗流畅，富有生活气息。

京剧诞生

清代乾隆时期，戏剧雅部衰落，花部兴起，在花雅之争中，花部地位不断提高，乾隆末年，以四大徽班进京标志着花部在和雅部的竞争中完全取得压倒性优势。花部的兴起不仅加速了昆曲的衰落，而且促使了京剧的诞生。乾隆五十五年（1790）徽班的三庆班进京祝寿，使徽剧开

京剧早期《同光十三绝》

始进入北京的戏剧舞台。不久，在北京就出现了三庆、四喜、和春、春台四大徽班，徽剧的二黄调在北京风行一时。徽班艺人在北京的演出过程中也不断吸取其他戏种的精华，先后融合了昆曲、高腔、秦腔等腔调。在嘉庆年间，徽剧就已经成为北京剧坛的盟主了。

道光以后，徽剧又融合湖北汉剧的西皮调，逐渐形成了一种新的剧种——皮黄戏，在光绪年间始称京剧。此外还有二黄、黄腔、京调、京戏、平剧、国剧等名称。

徽剧转变为京剧的主要标志是徽汉合流和皮黄交融。京剧的声腔是以徽剧的二黄调和汉剧的西皮调为主，融合昆曲、秦腔、高腔、梆子等戏种的腔调以及一些民间小调形成的。在这方面，程长庚、张二奎、余三胜对京剧的形成作出了很大贡献，被称做“老生三杰”或“老生三鼎甲”，程长庚更被誉为“京剧鼻祖”。这一时期，京剧已经开始从徽剧中脱离出来，角色分类由昆曲的“江湖十二角色”变化为京剧的九行或七行，老生居各行之首。京剧剧目也迅速增加，到道光末年，大约有剧目近千出，形成了完整的表演系统。

京剧形成后，立刻得到了群众的喜爱，很快在全国传播开来。在演出过程中，一方面自身不断完善，另一方面又继续和地方戏曲融合。到同治、光绪年间（1862 ~ 1908），京剧完全摆脱了徽剧色彩，成为全国性剧种，走向成熟和兴盛；在剧场、剧目、班社、演出等各方面都得到进一步完善，表演艺术也随着名角的不断出现而空前提高，成为继元杂剧、明清传奇之后我国古代戏剧史上的第三个高潮。

这一时期，京剧作为一门综合性表演艺术基本定型，集唱、念、坐、打、舞为一体，成为手、眼、身、法、步俱全的程式化表演手段。角色上确立了生、旦、净、丑四大行，出现了以谭鑫培为代表的大批京剧名家。京剧实现了中国戏剧文化的一个重大转折：从以前的杂剧、传奇、

京剧《战宛城》绘影

昆曲等戏剧以戏剧创作为中心，转变为以艺术表演家为中心。

这一时期，谭鑫培、汪桂芬、孙菊仙并称“老生后三杰”，谭鑫培更是京剧史上对发展京剧表演艺术作出划时代贡献的艺术大师之一，他使京剧完全脱离徽班而成为独立剧种。

京剧作为中国几千年以来戏曲精华的结晶，在服饰、道具、人物造型、脸谱方面都体现出了中国传统文化的特色，富有民族性和艺术性。京剧也成为中国的“国粹”，成为中国文化的载体，得到了国人乃至其他国家人民的喜爱，百多年来长盛不衰。

清末戏剧改良运动

晚清社会的巨大变动和西方戏剧形式的传入，也促使传统戏剧不得不进行改革以适应时代要求。在梁启超等人的号召下，兴起了戏剧改良运动。梁启超和一些资产阶级革命派都创作了一些戏剧作品，宣传新思想，但它们的艺术成就都不高。戏剧改良运动主要在京剧和地方戏曲上，产生了很大影响。京剧改革表现在剧本创作和表演形式两个方面。汪笑侬创作了三十多部新的剧目，增强了京剧的时代特色。在表演方面，尝试新的表演形式，如梅兰芳演出时装戏，谭鑫培拍摄京剧影片，都促进了京剧的发展和传播。地方戏曲也进行了改革，川剧、秦腔、昆曲等或创作新剧目，或培养新演员，都做了大量工作。

在清末，西方社会和古老中国的交流已是势不可遏，西方的许多艺术形式开始进入中国，并成长起来。电影在其发明后的第二年就在中国出现，大量电影院、制片公司在中国建立，和世界一道为电影的发展作出了贡献。1905年，谭鑫培就拍摄了自己主演的京剧《定军山》片断。一部分留学生在国外接触到话剧这一表演形式后，积极将它引入中国，1906年，李叔同、曾效谷、欧阳予倩等人在东京成立了中国第一个话剧社——“春柳社”。话剧适合宣传，很快就得到革命派的喜爱，并在中国传播开来。歌剧、舞剧等西方戏曲艺术也在清末进入中国。

三、挥毫捉刀之间的典雅——书道中兴

清代书法“书道中兴”，是中国书法史上的一个重要阶段。由于清初几位皇帝都雅好书法，因此影响了清初的书风，帖学大盛，但也使书法僵化，没有个性发展。成就最大的还是明末清初的几位书法家。

清初书法——笔意率真

明清之际，许多人不满满清统治，隐迹山林，寄情笔墨，借以抒发内心的怨愤，他们在书法的意境和笔法上都取得了突破。代表人物有傅山、王铎、朱耷、石涛等人。

傅山（1607～1684），字青主，又字公它，山西阳曲人。是明末清初著名的思想家、医学家、画家和书法家。明亡后，他积极参加抗清活动，拒不应召清廷的征辟。在书法艺术上，自幼学过多种书体，晋唐楷书、颜体，元代赵体都有摹习。他主张“宁拙勿巧，宁丑勿媚，宁支离勿轻滑，宁真率勿安排”，形成了古拙苍劲、笔力雄奇的

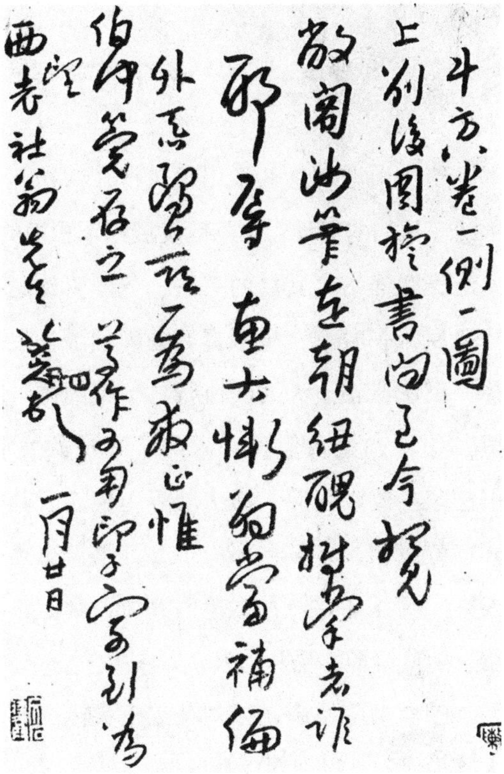

朱耷书法

特点。主要作品有《丹枫阁记》、《孟浩然诗》（卷）和《行书七言诗》（轴）等。

王铎（1592～1652），字觉斯，号十樵、嵩樵、痴庵，河南孟津人。他在清朝官至礼部尚书，因此受到时人非议。他的书法诸体悉备，楷书师法钟繇、颜真卿，浑厚庄重，秀逸灵巧；行书取法王羲之、米芾，刚劲有力，流畅雄健。主要作品有《楷书王维五言诗》（卷）、《草书学古帖》（卷）、《草书杜诗》（卷）等。

中期书法——帖学、碑学与篆刻

清代中期书法帖学仍很风行，清初几位皇帝也都痴迷书法，他们的倡导对帖学的发展起了积极的作用。

康熙推崇董其昌的书法，乾隆喜欢赵体，赵孟頫的书法又风行一时。在皇帝喜好的影响下，逐渐形成了“馆阁体”书法，在士大夫间流行。“馆阁体”追求“圆、光、黑、厚”，泥古僵化，阻碍了书法的发展。“馆阁体”书法家主要以张照、汪由敦等为代表。其中张照历仕康、雍、乾三朝，官至刑部尚书，其书被康熙誉为“羲之后一人”，阮元亦评曰：“笔力直注，圆健，雄浑，如流金出冶，随范铸形，精彩动人。”

帖学书法家中还以刘墉、王文治、梁同书、翁方纲四大家为代表，以刘墉成就最高。

刘墉（1719～1804），字崇如，号石庵，山东诸城人。他是清朝名臣，官至吏部尚书、东阁大学士。书法取法董其昌，兼学颜真卿、苏轼诸家，力厚思沉，貌丰骨劲，在清代书坛独树一帜，有“浓墨宰相”之称。在晚年刘墉开始学习北魏碑刻，体现了碑学的兴起。

清代碑学在这一时期开始发展起来，碑学书法家不断涌现，较著名的有郑燮、邓石如、伊秉绶、金农等人。

郑燮（1693～1765），字克柔，号板桥，江苏兴化人。乾隆进士，曾任山东范县、潍县知县，为官清廉爱民。后不堪官场黑暗，辞官在扬州卖画为生。诗、书、画皆精，影响极大。郑燮熔真、草、篆、隶于一炉，自名为“六分半书”。

邓石如（1743~1805），原名琰，字石如，又名顽伯，号完白山人，又号完白、古浣子等，安徽怀宁人。他是清代学碑的书法巨匠，又因在篆刻史上杰出的贡献，被尊为“邓派”。他自幼失学，终生布衣，依靠卖书为生，擅长四体书和篆刻，时人评他的四体书法为清代第一人。他在篆书上突破了秦以来李斯、李阳冰的笔法，开创了篆书的新风格。他的隶书学汉碑，遍临汉、魏诸碑，继承汉分隶法，形成遒丽绵密的新体。邓石如楷书取北魏碑，行草书由碑中演变而出，加上他在篆刻上的造诣，创造了富有金石气的风格。

郑板桥书法

伊秉绶（1753～1815），字组似，号墨卿、默庵，福建汀州宁化人。他喜绘画，工四体，其行楷有颜真卿之神韵，博采广收，兼师百家，自抒己意，为时人瞩目。其隶书成就最高，为清代碑学中隶书中兴的代表人物之一，以颜书笔法体势作汉隶，气韵收敛，文气十足，有独特的风貌。康有为认为邓石如、伊秉绶是清代碑学的开山祖师。

金农为取法魏、晋、南北朝碑刻，得法于《龙门二十品》《天发神谶碑》，创造所谓漆书，力追刀法的效果，强调金石味。

篆刻在清代中前期也迅速发展，开始成为独立的艺术形式。篆刻流派在乾隆年间形成两大派别，一是以邓石如为代表的“皖派”，一是丁敬创始的“浙派”。

皖派由明末何震发展而来，经清初“歙中四子”的开拓，因都是安徽人，故称为“皖派”或“徽派”。邓石如是皖派成就最大的，他刻苦研究秦汉金石碑刻，把深厚的篆书功力用之于篆刻，突破了以秦汉玺印为唯一取法对象的狭隘天地，扩大了篆刻的表现范围。作品苍劲庄严，流利清新，开创了一代印风，极大地影响了稍后的吴熙载、赵之谦和吴昌硕等人。

浙派由丁敬开创，以“西泠八家”著称。丁敬、蒋仁、黄易、奚冈、陈豫钟、陈鸿寿、赵之琛、钱松皆居杭州，故称“西泠八家”。他们活跃于乾隆末年，崇尚秦汉玺印，刀法上运用坚挺的切刀来表现秦汉风貌，以其古朴雄健的风格有别于皖派诸家的柔美流畅，所以有“歙（皖派）阴柔而浙（派）阳刚”的评论。浙派艺术支配清代印坛达一个多世纪，影响极为深远。

晚清书法——碑学兴盛

晚清的书法与中期相较，碑学更加兴盛，篆书和金文也有了长足发展，汉、魏、南北朝的碑刻出土日益增多，对晚清书法影响很大，乾嘉学派对古文字的研究成果也促进了碑学的发展。清代末年，碑学在书坛上占了主要地位，以学帖为主的书法家开始重视对碑刻的临摹，而碑学书法家也都兼容帖学，晚清的书法又出现了另一番景象。晚清书法以何绍基、赵之谦、吴昌硕为代表。

何绍基（1799 ~ 1873），字子贞，号东州，湖南道州人。何绍基早年由颜真卿、欧阳通入手，上追秦汉篆隶。他临写汉碑极为专精，不求形似，全出己意。进而“草、篆、分、行熔为一炉，神龙变化，不可测已。”中年潜心北碑，用异于常人的回腕法写出了个性极强的字。他的草书成就尤其突出，楷书既醇雅又有唐人法度，精劲有北朝书法的气象。他的隶书笔法稳健，古拙沉雄。他的行草熔颜体、北朝碑刻、篆、隶于一炉，恣肆而超逸。

赵之谦书画、篆刻都兼长，书法初学颜真卿，后取法六朝碑刻。他的楷书颜底魏面，用婉转圆通的笔势来写方折的北魏碑体，而且他的行草、篆、隶诸体，无不掺以北魏体势，自成一格。

吴昌硕为清末书、画、篆刻大家，篆书对石鼓文下功夫最深，字形变方为长，讲究气势；隶书效法汉《三公山碑》《裴岑纪功碑》，亦别具一格；行书由王铎上追唐人，晚年“强抱篆籀作狂草”，融会贯通，开辟了新的境界。

这时期的其他书法家还有张裕钊、杨守敬、康有为、沈曾植等人，张裕钊以北碑为宗，高古浑穆，用笔外方内圆，其楷书对后来也有一定的影响。杨守敬收藏汉、魏、六朝碑刻甚多，擅长隶书和行楷书，曾东渡日本，对近代日本书法产生一定影响。

四、尺素丹青写性情——绘画

清初画坛——宫廷与民间的分野

绘画方面，明末清初，因为对政治的态度不同，在绘画艺术上也体现出差别，主要分成两派。一派是以“清初四王”为代表，他们受皇帝和上层社会的扶持，延续明代董其昌“南宗画派”，以摹古为主旨，讲究笔墨情趣，一时为“画苑正统”，而实际上他们创新很少，缺乏生气。另一派是在野的画家，他们是明代遗民，政治上不和清朝合作，在绘画中抒发个性、重视创新，主要有“清初四僧”和“金陵八家”。

清初四王——画苑正统

清初四王为王时敏、王鉴、王翚、王原祁，有时又把他们和吴历、恽寿平合称“清初六家”或“四王吴恽”。

王时敏（1592～1680），字逊之，号烟客、西庐老人，江苏太仓人。出身大官僚家庭，自幼习书学画，得到董其昌的指点。在绘画上，承袭董其昌的文人画理论，临习宋元名迹，用心于黄公望，作品苍浑醇厚，但多摹作，少有新意。他是“四王”之首，开创了“娄东画派”。

王原祁（1642～1715），字茂京，号麓台，江苏太仓人，王时敏之孙。康熙时进士。曾奉诏供奉内廷，奉旨编纂《佩文斋书画谱》，荣耀一时。画承家学，得到祖父及王翚的指导，致力于摹古，学黄公望风格。他作画喜用干笔焦墨，追求生涩苍润的效果。因用笔沉雄，自谓“笔端有金刚杵”。形式变化丰富，但缺乏生活气息和真实感受。

王原祁家学渊源，又受皇室青睐，政治地位显赫，追随他的人很多，形成了“娄东派”，几乎独霸当时画坛。前期娄东派画家主要有唐岱、董邦达、华鲲、黄鼎等，后来还有“小四王”（王昱、王愫、王宸、王玖）和“后四王”（王三锡、王廷之、王廷国、王鸣韶）诸家。

清初四僧与金陵八家——遗民情趣

清初四僧为弘仁、髡残、石涛、朱耷。

石涛（1641～1710），明宗室，本名朱若极，石涛是他的字。法号为原济，别号苦瓜和尚、清湘陈人等，广西人。他的父亲在明皇室的内部斗争中被杀。他一生四处漂泊，卖画为生，擅长山水、兰竹。山水多取之造化，构图新颖，笔情纵恣，郁勃豪放。主要作品有《山水清音图》《细雨虬松图》《黄山八胜册》等。石涛在绘画理论方面也作出了贡献，他在山水画的用笔、用墨、构图等都提出了自己的见解。他主张“我自用我法”，反对对古法泥古不化，亦步亦趋，要“借古以开今”。他的画作和理论影响很大，后来的“扬州八怪”就深受他的影响。

朱耷（1626~1705），明宗室，江西人。为避清朝迫害，出家为僧，法号传綮，号刃庵，不同时期，他使用的号极多，以“八大山人”使用最久。他一生经历坎坷，遭受国破家亡，满怀悲愤，行为怪僻。朱耷的绘画用象征的手法来表达寓意，将物象人格化，寄托自己的感情。他擅长山水、花鸟。以花鸟画成就最为突出，他画的花鸟，形象洗练，造型夸张，表情奇特，构图险怪，笔法雄健泼辣，墨色淋漓酣畅，具有奇特新颖、出人意表的艺术特色。作品有《个山杂画》（册）、《快雪时晴图》（轴）、《杂画》（卷）、《杨柳浴禽图》（轴）、《河上歌图》等。

“金陵八家”指以龚贤为首的活动在南京附近的八位艺术意趣相近的画家。他们是龚贤、樊圻、高岑、邹喆、吴宏、叶欣、胡慥、谢荪八人，龚贤成就最大。他们隐居不仕，性情高洁，艺术上师法自然，描写江南风景，在艺术形式和手法上都有共同之处。

中期画坛——流彩纷呈

在清王朝走向繁荣时，绘画艺术也流彩纷呈，百花竞放。在画坛上，不仅正统画派煊赫一时，更是出现了以郑板桥为代表的“扬州八怪”，他们的创新精神对后世中国画的发展产生了重大影响。此时的宫廷绘画也由于皇帝的重视而出现了一些名家名作，而且在清代宫廷画院有许多欧洲画家供职在内，给清代画坛带来一股域外画风。他们将西方的绘画技法和中国传统绘画相融合，取得了意想不到的效果。

扬州八怪——水墨的心灵反叛

“扬州八怪”是指清代康熙中期至乾隆末年活跃于扬州一带的画家群体。他们趣味相近，画风相似，一般指金农、黄慎、郑燮、李鱓、李方膺、汪士慎、高翔、罗聘，但也另有许多不同的版本，华嵒、高凤翰、边寿民、闵贞等人都曾在八怪之列。其实“八”并非实指八人，而是虚言其多。

在清朝中前期，扬州商业繁荣，运河与长江在此交汇，漕运和盐运发达，思想艺术相对自由，自然吸引了大批画家到扬州卖画为生。他们互相学习，敢于创新，逐渐形成了相近的艺术风格，故被称为“扬州八怪”。他们个性鲜明，敢于创新，强调写神，善于运用水墨写意技法，画面主观感情色彩强烈，并以书法笔意入画，诗、书、画、印俱佳，表现出雅俗共赏的新风格。他们以标新立异的精神给画坛注入生机，并对后世水墨写意画的发展有着重要影响。

郑燮善画兰、竹、石，尤精墨竹。他继承了徐渭、八大山人的画风，强调真气、真诀、真趣，表现“真性情”“真意气”。他的墨竹，继承传统，又突发个性，疏密相间，挺劲孤直，具有一种孤傲之气。重视诗、书、画三者的结合，用诗文点题，将书法题识穿插于画面形象之中，形成诗、书、画三者合一的效果，进一步发展了文人画的特点。作品有《墨竹图》《兰竹图》（轴）等。

金农（1687～1763），字寿门，号冬心先生，别号吉金、昔耶居士等，浙江钱塘人。出身布衣，工书画诗文，精篆刻、鉴定，博学多才。他性好游历，遍游大江南北，晚年在扬州卖画为生，生活清苦。金农五十多岁才开始学画，由于长于书法，文学功底深厚，“涉笔即古，脱尽画家时习”。善山水、人物、花鸟，尤精于墨梅。所作梅花，淡墨枯笔，繁花密蕊，造型奇古，并参以古拙的金石笔意，质朴苍老。画作有《墨梅图》（轴）、《山水人物》（册）、《自画像》（轴）等。

罗聘（1733～1799），字遯夫，号两峰，又号金牛山人、衣云道人等，安徽歙县人。他是金农的弟子，亦好游历。他擅长山水、人物、花卉，都有很高造诣。画法受金农、石涛等影响，不拘成法，笔调新奇，曾以《鬼趣图》轰动画坛。作品还有《二色梅图》（轴）、《观音梅花图》（轴）、《朱竹图》（轴）等。

华嵒（1682～1756），字秋岳、德嵩，号新罗山人，福建上杭人。他也是布衣出身，在扬州卖画度日。工人物、山水及花鸟。花鸟画有盛名，宗法陈洪绶、周之冕、恽寿平诸家，笔意跌宕，清新俊秀，对后期花鸟画有很大影响。画作有《蔷薇山鸟图》（轴）、《松鼠啄栗图》（轴）、《天山积雪图》（轴）等。

高凤翰（1683～1749），字西园，号南阜、南村，山东胶州人。曾做过几任知县，后遭到陷害，右手病废，改用左手，更号为“丁巳残人”“尚左生”。工山水、花鸟，山水师法宋人，近赵令穰、郭熙一路，晚年则趋于奔放纵逸，老辣苍劲。有《层雪炉香图》《秋山读书图》等传世，还著有《砚史》等。

宫廷绘画

清代宫廷绘画以康熙、乾隆时期最为繁盛。康熙和乾隆都喜欢绘画，大力倡导和扶持宫廷绘画，出现了一批著名画家。一类是因善画而被征入宫廷的专业画家，如金廷标、张宗苍等，还有一部分善画的大臣也供奉宫廷，称为“词臣供奉”，与专业画家有别，如王原祁、董邦达等。

在这一时期，著名的宫廷画家还有禹之鼎、焦秉贞、冷枚、唐岱、丁观鹏、姚文翰、徐扬、汪承霈等人。

宫廷绘画的主要题材包括：描绘皇帝及其嫔妃们的生活场景；反映皇帝的文治武功；装饰宫廷用的山水画及花鸟画等。作品中以反映康熙皇帝南巡的《南巡图》规模最大，由宫廷画家集体创作，详细、生动地描绘了康熙南巡的盛况。乾隆时期宫廷画家兴盛一时，以他的活动创作了不少大型绘画，其中最具有代表性的是战争记功图，如《平定伊犁受降图》《呼尔满大捷图》《平定准噶尔图》《黑水解围图》等，除在艺术上达到很高水平外，还具有很大的史料参考价值。

清代宫廷画家里还有许多外国传教士画家也受到皇帝的重视，留下了许多作品，为中西方美术交流作出了贡献。他们将西方油画的一些绘画技法运用到中国绘画中，形成了一种中西合璧的画风，在宫廷内有相当影响，而且对清代绘画的演变也产生了影响。这其中，最为著名的是意大利人郎世宁。

郎世宁（1688～1766），本名加斯提里阿纳，意大利人，康熙五十四年（1715）受耶稣会派遣来华。他向中国介绍了许多西方科技文化知识，曾编写过《视学》，还主持建造了圆明园的西洋楼建筑。他的绘画中西合璧，精于肖像、花鸟，尤善画马，作品立体感和空间感表现得很好。代表作品有《马术图》《百骏图》《春郊阅马图》等。

晚清画坛——旧貌与新颜

传统技法——人物与山水

清代绘画在乾隆以后，走向衰落。在这一时期，比较著名的传统画家主要有人物画家改琦、费丹旭，山水画家汤贻汾、戴熙。

改琦（1774～1829），字伯蕴，号香白，又号七芗，别号玉壶外史，回族人，先祖为西域人，后侨居松江。他擅画仕女图，所画仕女，形象纤细俊秀，用笔轻柔流畅，创造了清后期仕女画的典型风貌，有“改派”之称。他绘制的《红楼梦图咏》，基本上一人一图，选择人们熟悉的情节，表现人物的性格特点，光绪年间刻板为木刻本，流传广泛，深得时人好评。作品还有《玄机诗意图》（轴）、《玉鱼生像》等。

费丹旭（1801～1850），字子苕，号晓楼，又号环溪生，浙江乌程人。自幼家境贫寒，随父学画。以画仕女闻名，与改琦并称“改费”。他笔下的仕女形象秀美，用线松秀，设色轻淡，别有一种风貌。代表作品有《十二金钗图》（册）、《果园感旧图》（卷）、《东轩吟社图》（卷）等。他的画风对近代仕女画和民间年画都产生了很大的影响。

汤贻汾（1778～1853），字若仪，号雨生，晚号粥翁，江苏武进人。曾官温州镇副总兵，后寓居南京，太平天国攻破金陵时，投池而死。其人多才多艺，于百家之学均有所造诣，工诗文书画，精于山水，亦能花卉松柏。其山水受董邦达影响，承继了“娄东派”衣钵，后来，发展了淡墨干笔皴擦法，枯中见润，自创一格，境界平实。在当时与方薰、奚冈、戴熙齐名，有“方奚汤戴”之称，其妻董婉贞与诸子女亦善画。代表作品有《姑射停云图》、《秋坪闲话图》（轴）、《隐琴图》等。

戴熙（1801～1860），字醇士，号榆庵，自称井东居士、鹿林居士，浙江钱塘人。工山水，亦善花草、竹石。山水画属于“虞山派”，因受奚冈影响，画风亦近于“娄东派”面目。其山水多用擦笔，干皴湿染，布局妥帖，但稍显平淡。《忆松图卷》为其代表作品。

新的转向

晚清时期，随着社会向半封建、半殖民地的转变，以表现闲情逸致而怡情养性的士大夫画渐趋衰落，在新兴的商业大都市上海、广州等地，许多画家为了适应新兴的市民阶层的审美需要，在题材内容、风格技巧方面都发生了新的变化，出现了著名的“海上画派”和“岭南画派”。

第一次鸦片战争后，上海开辟为通商口岸，逐渐发展为东南地区的经济、文化中心，成为中国最繁华的商业城市。各类人才纷纷涌入上海，一批画家也汇集在此，以卖画为生。他们大多是江浙一带的画家，传统绘画功底很高，上海又受到西方很大影响，西洋绘画也大量传入。在中西方文化的碰撞下，19世纪末20世纪初，渐渐形成了一个新的画派——海上画派。

“海上画派”又称“上海画派”“海派”，既继承传统，又敢于创新，将文人画和民间美术结合，接近生活，适应新兴市民阶层的审美需要。“海上画派”是传统绘画向现代绘画过渡的一个重要环节。“海上画派”以花鸟画成就最高，人物画次之，通俗流畅，色彩艳丽，描写民间喜闻乐见的题材。“海上画派”通常分为前后两个时期：前期以赵之谦和合称“四任”的任熊、任薰、任预、任颐为代表，其中任颐成就最高；后期则以吴昌硕为一代宗师。

任熊（1822～1857），字渭长，号湘浦，浙江萧山人。早年贫寒，自幼学画，得到姚燮的赏识和资助。后寓居苏州、上海以卖画为生。画法宗陈洪绶，于人物、山水、花卉无一不能。作品有《大梅山民诗意图》《钟馗图》《梅花仕女图》等。

任熊弟任薰、任预也都擅长绘画，与任熊画风相近，合称“海上三任”，又和任颐并称“四任”。他们将人物画再次推向高潮，在中国人物画历史上有着重要的地位。“四任”中，成就最高的是任颐。

任颐（1840～1896）初名润，字小楼，后字伯年，浙江山阴人。早年经历坎坷，曾加入太平军，后至上海一店中学徒。因模拟任熊作品受到任熊兄弟的帮助，并指点他学画，画艺大进，名闻上海，是上海画派的重要创始人之一。他是个绘画全才，人物、花鸟、山水、肖像无所不精。自幼随父亲学习民间绘画，又受任熊、任薰指点，远学陈洪绶、费丹旭等人，还吸收西洋画法，兼容并蓄，把传统绘画技法和西洋画法结合，文人画与民间绘画融汇，风格卓越独特，形成了丰姿多采、新颖生动的画风。任颐的人物画有《三友图》《关河一望萧索》《苏武牧羊》等，简逸灵活，形神毕露。花鸟画对近代绘画影响很大，作品有《雀屏图》《牡丹双鸡图》等。

赵之谦（1829～1884），初字益甫，后改撝叔，号梅盦、悲盦居士等，浙江绍兴人。著名书画家、篆刻家。晚年常居上海，从者甚众，创立了海派的基调，被称为“前海派”。赵之谦的画风继承陈淳、徐渭、石涛等人的笔法，又参入金石书法之趣，峻劲浑厚，古茂沉雄，一扫清末画坛盛行的庸腐柔靡之习，给吴昌硕等人带来很大影响，为传统中国画开辟了一条全新的道路。作品有《秋葵芭蕉图》《绣球图》《山茶梅石图》等。

吴昌硕（1844～1927），名俊卿，字香朴、香圃，中年后改为昌硕，号缶庐、苦铁、大聋等，浙江安吉人。自幼酷爱读书，二十二岁中秀才，但此后即绝意仕途，潜心于书画艺术。吴昌硕诗、书、画、印俱佳，是清末民初的一代书画宗师，也是中国艺术史上少有的“四绝画家”之一。他主张“画当出己意”，从篆刻书法入手，把金石篆籀笔法引入花鸟画中，形成“雄健古茂，盎然有金石气”的风格。吴昌硕最擅长写意花卉，在花鸟画的运笔、泼墨、着色等方面都作了开拓。师法朱耷、徐渭、石涛等人，“师造化、奠基础、贵独创、寓褒贬”，强调着重神韵气魄的“写意画”，对后来齐白石、潘天寿等人都产生过较大的影响。作品以《桃实图》《墨荷图》《紫藤图》最为有名。

岭南画派是中国近代著名的画派之一，对中国现代美术的发展有重要影响。广东一直是我国古代海上对外交往的重要地区，商品经济发达，受外部文化影响明显。清朝实行闭关政策，只保留广州作为与外商贸易的口岸，广州更是“开风气之先”的地方。在商品贸易的同时，欧洲的绘画艺术传入广州，并真正影响到广东地区的绘画，在广东相对自由的风气下，出现了一批具有创新精神的画家，最终形成了岭南画派。代表人物有苏六朋、苏长春、居巢、居廉等人。

苏六朋（1798～？）字枕琴，号怎道人、南溪渔隐，别署罗浮道人，广东顺德人。他在广州卖画为生，善画人物，取材于市民生活或民间故事，深得民众喜爱。作品有《苏武牧羊图》《醉太白图》等，他还创作了许多讽刺画，开创了近代漫画创作的先河。

苏长春（1814～1849？），字仁山，别署散圃、七祖仁山，广东顺德人。生而多病，工人物、山水，不泥古人，能独辟蹊径，多用勾勒、白描法。作品有《五羊仙迹图》《三十六洞真君像图》等。

居巢（1811～1889），字梅生，号梅巢，广东番禺人。他受西方绘画影响，擅花鸟，重视自然真实，宗法恽寿平，用笔工致简洁，赋色清淡，格调疏朗淡雅。这种工中兼写的手法，发展了工笔花鸟画的技法。作品有《花果图》轴等。

居廉（1828～1904），字古泉，自号隔山老人，广东番禺人，居巢从弟。擅画草虫花卉，注重写生，以自然为师，生机盎然。善用没骨的“撞粉”“撞水”法以表现特殊效果。作品具清新文静之趣，《花卉草虫屏》为其代表作。其画法开“岭南画派”先河，在广东影响很大。岭南画派的“二高一陈”（高剑父、高奇峰、陈树人）都是他的弟子。他们发扬了二居的画法，又吸取了西方绘画技法，在20世纪初形成了岭南画派。

五、园林建筑

清代前期，随着国力的强盛和民族的交融，清朝统治者兴建了许多皇家园林和离宫别苑，以供他们游玩享乐。在艺术上，它们是中国传统园林的集大成者，充分吸收了历代皇家园林的特色，又从南方园林和西方园林中汲取了精华。清代园林大多兴建于康熙到乾隆年间，主要有圆明园、颐和园、承德避暑山庄和外八庙。

圆明园

圆明园遗址在现在北京的西北郊，包括圆明园、长春园和绮春园（万春园），又称“圆明三园”。圆明园始建于清康熙四十八年（1709），雍正、乾隆时期不断扩建，乾隆九年（1744）竣工。以后，又在园的东侧辟建长春园，在园的东南辟建绮春园，作为附园。乾隆三十七年（1772）全部完成，构成三位一体的园群。

圆明园全部由人工起造，造园匠师运用中国古典园林掇山和理水的各种手法，创造出一个完整的山水地貌作为造景的骨架。圆明园在继承北方园林传统的基础上，广泛地汲取江南园林的精华，成为一座具有极高艺术水平的大型人工山水园。共有景区一百五十多处，主要的如“圆明园四十景”“绮春园三十六景”，都各具特色，园中有园。有仿效江南山水名胜的，有取古人诗画意境的，有表现神仙境界的，有象征疆域统治的，有利用异树、名花、奇石作为造景主题的。长春园北部有一个特殊的景区俗称“西洋楼”，由宫廷内的西洋画家设计建造，主要有郎世宁、王致诚等人，这是在中国园林里第一次出现成片的欧洲风格的建筑园林。圆明园在当时就是一座著名的皇家园林，乾隆皇帝誉之为“天宝地灵之区，帝王游豫之地无以

圆明园

逾此”，而且还通过他人的介绍而蜚声欧洲，对欧洲的园林发展产生了一定影响。

咸丰十年（1860），英法联军攻占北京，劫掠焚毁了这座“万园之园”的艺术杰作，只留下残壁断垣，衰草荒烟。

颐和园

颐和园原为清乾隆年间的皇家园林之一，原名清漪园，1860年和圆明园同时被英法联军焚毁。1886年，慈禧太后挪用海军军费重建，近十年始成，改名颐和园，供慈禧太后居住。建成不久又遭八国联军破坏，很快修复。颐和园是利用昆明湖、万寿山为基址，以杭州西湖风景为蓝本，汲取江南园林的建筑精华而建成的一座大型天然山水园林，也是我国保存最完整的一座行宫御苑。园内分为

颐和园玉带桥

宫廷区、前山前湖区、后山后湖区三大景区，共有殿堂楼阁、亭台水榭三千余间，占地约二百九十公顷。

避暑山庄

避暑山庄始建于康熙四十二年（1703），康熙四十七年（1708）初具规模，经过多年的扩建和改造，于乾隆五十五年（1790）建成。避暑山庄又叫热河行宫、承德离宫，清朝历代皇帝每逢夏季到此避暑和处理政务，这里便成为第二政治中心，是我国现存的占地面积最大的古代离宫别苑。避暑山庄占地五百六十公顷，山庄内有康熙用四

避暑山庄

避暑山庄烟雨楼

字题名的三十六景和乾隆用三字题名的三十六景，这些风景博采全国各地风景园林艺术风格，使山庄成为中国各地胜迹的缩影。山庄可分为宫殿区、湖泊区、平原区和山岳区，其中山岳约占全园面积的五分之四平原占五分之一。平原中湖泊占整个面积的一半，主要由热河泉汇聚而成。山庄创造了山、水、建筑浑然一体而又富于变化的园林，它的布局立意、造园手法在中国古代宫苑中占有重要地位。

外八庙

在避暑山庄的东面和北面，武烈河两岸和狮子沟北沿的山丘地带，共有十一座寺院。因分属八座寺庙管辖，所以通称“外八庙”。这些建筑群陆续建于清代康熙和乾隆年间，是清代藏传佛教的中心之一。承德外八庙建筑雄伟，规模宏大，反映出清代前期建筑技术和建筑艺术的成就。

六、书籍刊印

清代的书籍刊刻与明代相比有过之而无不及。中国古典文化发展到清代正是兴盛发达的丰收期，几千年积累下来的文化典籍，已是如山似海，车载斗量，内容广博，数量空前，而且其中不少的典籍，已经因年代久远漫长而不堪辨识，同时又因文字音、形、义发生的极大变化而难以识读。于是，在文化史上，一个总结整理古籍文化的任务摆在清代人的面前，一个将丰富的中国典籍进行一番筛选、清算的时代已经到来，而这次文化总结整理的过程，主要从书籍出版业体现出来。

《四库全书》

清代所出版的书籍，不但种类繁多，几乎涉及了人们所接触的一切文化科学部类，而且体制庞大，卷帙浩繁，融入了大量的人力、物力和财力。话本、小说、戏曲等著名的有《三国演义》、《水浒传》、《西游记》、《金瓶梅》、《红楼梦》、《聊斋志异》、《儒林外史》以及《初刻拍案惊奇》、《二刻拍案惊奇》等；还有学者不畏艰辛，耗尽精力编纂而成的学术巨著，如：《文献通考》《续通典》《清通典》《续通志》《清通志》《续文献通考》《清文献通考》《古今图书集成》《四库全书》《皇清经解》《皇清经解续编》《四库全书总目提要》及佛藏、道藏等等。

其中《四库全书》的编纂，将我国古代浩如烟海的典籍加以编排荟萃，其规模之宏大、编制之精密，不仅在中国出版史上是空前的，在世界文化史上也是屈指可数的。

《四库全书》是清乾隆时编纂的一部丛书，清乾隆三十七年（1772）开始纂修，经十年始成。另外编成《四库全书总目提要》二百卷、《四库全书考证》一百卷、《四库全书简明目录》二十卷，由总纂官纪昀、孙士毅、陆锡熊主持。《四库全书》为写本，其誊写原定六十人，后加四百人，后因缮写《荟要》又增加二百人。《四库全书》第一份成于乾隆四十六年（1781），第二、三、四份于乾隆四十七年（1782）春缮就。

《四库全书》共收著录之书三千四百六十一种，七万九千三百零九卷，总目中仅存书名未收其书者就达六千七百九十三种，九万三千五百五十一卷。《四库全书》采用我国传统的经史子集四部分类法，于各部之中再分若干类。经部分为十类：易、书、诗、礼、春秋、孝经、五经总义、四书、乐、小学。史部分为十五类：正史、编年史、纪事本末、别史、杂文、记令奏议、传记、史钞、载记、时令、地理、职官、政书、目录、史评。子部分为十四类：儒家、兵家、法家、农家、医家、天文算法、术数、艺术、语录、杂家、类书、小说家、释家、道家。集部分为五类：楚辞、别集、总集、诗文评，词曲。由于卷帙太大，《四库全书》修成后，仅刊印出一百三十四种，二千八百九十一卷，这就是后来的《武英殿聚珍版丛书》。

虽然乾隆帝提倡编修《四库全书》是醉翁之意不在酒，意在借此消灭明末清初的著作中的抗清思想，其谕文曰："明季末造，野史甚多，其间毁誉任意，传闻异辞，必有抵触之语，正当及此一番查办。"而且又用恐吓的辞语说，"若此次传谕之反复有隐匿存留，则是有意藏匿伪妄之书"，揭示了其集书的真实目的。但在编纂过程中，根据当时的要求，编纂人如纪昀、陆锡熊、邵晋涵等学者确实尽到了校辑的责任，使《四库全书》成为继《永乐大典》之后的又一古代文化宝库。

《古今图书集成》

《古今图书集成》是清朝时纂辑的另一部大类书。康有为说它是"清代第一大书，将秩乎宋之《册府元龟》

《太平御览》《文苑英华》，而可与明之《永乐大典》，并竞弘富”。

《古今图书集成》先是康熙时进士陈梦雷编纂，在康熙四十年（1701）完成初稿，次年缮成清本，初名《古今图书汇编》，后改名《古今图书集成》。后来雍正帝又命蒋廷锡为总纂进行了修整，三年后改编成一万卷巨册，分为六编，三十二典，六千一百零九部，每部中有汇考、总论、图表、列传、艺文等。雍正四年（1726）编排印刷，至雍正六年（1728）完成，共印成六十四部。这是历史上用铜活字排版出版的最大一部类书，分订五千册，分装五百二十三函，每函十册、八册不等，另外编有目录二十册，分装两函。总计五百二十五函，五千零二十册。

正是所谓“贯通古今，汇通经史，天文地理，皆有图记，下至山川草木，百木制造，诲西秘法，元不毕旦，河为典籍之冠。”

书籍出版——三分天下

清代书籍出版系统与宋元相似，仍是政府出版、私人出资版刻和书坊、书肆三分天下的格局。

清朝政府的出版机构最著名者为武英殿修书处和扬州书局等，到了晚清，还有各省设立的如金陵官书局、江楚书局、江苏书局、浙江官书局、安徽官书局、山西官书局、山东官书局、直隶官书局等。这些书局出版的书多为“御纂”和“钦定”的本子，经史居多，诗文次之。

康熙十二年（1673），重视文化的康熙皇帝命令补刻明经厂旧刻《文献通考》的残版，于是在武英殿设立修朽处，让校对官吏、写刻工匠都集聚一处，由负责大臣总领其事。从此以后，武英殿就成了清政府的一个重要的出版机构，清朝历代的官本都由武英殿承刻，内府书籍如实录、圣训、御制诗文、御纂经典、会典、方略等全归武英殿刊版印行。武英殿出版的书籍有《清凉山新志》《圣祖御制文集》《御纂朱子全书》《御纂性理精义》《钦定十三经注疏》《钦定二十四史》等，并辑刊《二十四史》。在乾隆当政的六十年中，武英殿刻印出版经史文集达一百多种。以后数量略减。

政府的出版机构除武英殿外，著名的还有曹寅主持的扬州书局。

曹寅，字子清，号荔轩。康熙时历官通政使、两淮盐政、江宁织造，同时主持扬州书局校勘古籍工作。扬州书局所刻书有《全唐诗》《佩文斋书画谱》《词谱》《佩文斋咏物诗选》《历代诗余》《全唐诗录》《宋金元明四朝诗》《历代题画诗类》等，都是工楷写刻。

武英殿和扬州书局所刻书籍，缮写工致，校勘精审。印刷端庄雅丽，有的还用细薄、洁白的开花纸箱印，尽善尽美，堪称经典。

明清之际，私家集资出版书籍的情况依然十分广泛，当时的私人出版家多兼学者和藏书家，对书籍的校勘了如指掌，对版本的源流胸有成竹。由于对书籍和图书出版事业特别的珍视和偏爱，他们对所组织刻印的书籍精益求精，其成品往往能与宋本媲美。这期间徐乾学主持校刻的《通志堂经解》、清王士祯的诗集《渔洋山人精华录》、黄丕烈的《士礼局丛书》、鲍廷博的《知不足斋丛书》、毕沅的《经圳堂丛书》、孙星衍的《乎律馆丛书》等较为著名。此外，清代私人出资校刻书籍还流行一种所谓“精刻本”，即一些著名文人的著作和前贤诗文皆由名书家精心缮写付梓。这些书籍以写刻工整秀丽、纸墨考究精良而著称。如候官著名书家林佶就手写汪琬撰《尧峰文钞》、陈廷敬撰《午亭文编》、王士祯撰《古夫于亭稿》和《渔洋山人精华录》，这些书被誉为“林氏四写”，备受藏书家珍爱。

清代时，由于政府出版机构和私人出版家都是以正经、正史、文集等为主要出版对象，那些村塾用的四书五经读本、启蒙字书“三字经”和“百家姓”、初学字帖、影盘、尺版、戏曲小说、百科大全、医书药书、民间佛教谈本、历本等等就成为书肆、书坊的产品，这种约定俗成的分工，历经千百年依然没有改变。

关于书坊、书肆的营业情况，胡应麟在《少室山房笔丛》中说：“凡燕中书肆多在大明门之右，礼部门之外，及拱宸门之西。每会试举子，则书肆列于场前。每花朝后三日。则移于灯市。每朔望并下浣五日，则徙于城里庙中……灯币岁三日，城皇庙月三日，至期百货萃焉，书其一也。”

书坊、书肆刻印出版了大量满足下层人民生活需求的用书，加上流转快、需求量大，因而在出版史上影响深远。

刻书家张海鹏

清朝时期许多学者型的出版家和藏书家把出版书籍看成一种高尚的文化事业，为之献出了自己的一生，张海鹏就是其中之一。

张海鹏，字若云，一字子瑜，清代嘉庆间江苏常熟人。出身于书香世家，为县诸生，二十一岁时补博士弟子员，但他绝意仕进，笃志于书籍。其父张仁济以好学读书名重江南，藏书室曰“照旷阁”，内有图书万卷，多为宋元旧刻，十分珍贵。其兄张光基笃学敦行，能继家学，酷爱藏书，使照旷阁之所藏日益丰富，又辑成《礼记诸儒论说》，颇为习礼家称举。侄张金吾亦喜搜求遗籍，辟“诒经堂诗史阁”庄重收存，合家藏旧书，共得八万余卷。但张海鹏以为“藏书不如读书，读书不如刻书”，读书不过益己，刻书却有益于他人。故自中年起，于治经之暇，悉力刊刻古籍，即前人所称“以剞劂古书为己任”者，因而成为一代出版大家。

张海鹏所刻之书，最重要的是三部丛书，即《学津讨源》、《墨海金壶》和《借月山房汇钞》。《学津讨源》是对崇祯间毛晋汲古阁所刻的《津逮秘书》加以精审增删而成的；《津逮秘书》收经、史、释、道、医、画、笔记、诗话、见闻等书一百四十四种，分为十五集，共七百五十二卷。由于旧版年久漫漶，又加考核欠精，海鹏取而汰益之，重编为二十集，共收书一百七十三种，合一千零三十余卷。收存者皆经史实学及朝章典故、遗闻轶事或书画谱录可资考证者，较《津逮秘书》精善。所以用“学津讨源”的书名，是取刘勰所谓“道象之妙，非言不津；津言之妙，非学不传”之义；《墨海金壶》搜集经史子集内有关实学而传本将绝之古籍一百一十五种，共刻七百余卷。所采多出自文澜阁本，也有一部分录自宋刻旧钞。诸如《平宋录》《昭忠录》《江南别录》之类的许多几近绝版但饶有文献价值的古书赖以存留。书名之“墨海金壶”源自《拾遗记》的一则故事：某神通极善书法，从肘腋间取出内盛墨汁的金壶，洒墨著物，即成纯美文字。盖用以比喻搜刻者皆卓异不凡、弥足珍贵之书耳。《借月山房汇钞》是以张海鹏本人的书斋命名的大型丛书。所选皆明清学者（包括其本人）有文献价值或研究价值的学术著作。内容含经说、杂史、传记、诸子、艺术、小说、诗文评等等，资料极为珍贵。共收书一百三十五种，分为十六集。

除以上三部丛书外，张海鹏还据影宋钞本重新校勘并刻印了重要的类书《太平御览》，纠正了原刻的不少讹误。又帮助侄子张金吾搜集金源氏文献，使汇刻成《金文最》一书，成为迄今为止收存金代作品最多，堪与《唐文粹》《宋文鉴》《元文类》《明文海》相比的一部断代文集。他还协助张金吾收采宋元以来经说，使共得经说八十余种，编刻成《诒经堂读经解》，可补《通志堂经解》之缺。

梁启超在《清代学术概论》中论及清代图书刊刻和出版事业的兴盛时说："其时刻书之风甚盛，若黄丕烈、鲍廷博辈固自能别择雠校，其余则多有力者，欲假此自显，聘名流董其事。乃至贩鸦片起家之伍崇昭，亦有'粤雅堂丛书'之刻，而其书且以精审闻，他可推矣。"正是在这样浓厚的氛围中，中国古代文化的优秀成果才得以集成、保存并弥漫开来。

附录

大事年表

明·清

1368年

·朱元璋在应天称帝，国号明（1368～1644），建南京城

·罗贯中著成《三国演义》，施耐庵著成《水浒传》

1369年

·以朱元璋出生地临濠（今安徽凤阳东）为中都

1370年

·宋濂等续修《元史》成

1377年

·建衍圣公府，为中国现存规模最大的邸院建筑群

1380年

·以谋反罪杀胡惟庸，株连数万人

·罢中书省，废丞相制，政归六部

1381年

·分里甲登记户口，定赋役编订黄册

·建山海关。明长城东起鸭绿江，西到嘉峪关，长六千多公里

1405～1433年

·郑和等七次出使西洋，历三十余国

1407年

·《永乐大典》成书

1414年

·诏修《四书》《五经》《性理大全》。1417年颁行，定为生员必读书

1417年

·在北京始建承天门（后称天安门）

1420年

·在北京建成世界最大宫殿建筑群。后有扩建

·始建北京太庙

·始建天坛，其中祈年殿为中国现存最大坛庙建筑

1421年

·迁都北京，以南京为留都

·始建社稷坛

1424年

·在北京昌平始建明十三陵

1426～1435年

·景泰蓝工艺成熟

1513年

·本年前后，苏州建拙政园

1518年

· 佛郎机（葡萄牙）使者至中国

1529年

· 王守仁（1472～1529）卒

1534～1536年

· 北京建皇史

1555年

· 玉米传入中国，时称玉麦

1567～1619年

· 隆庆、万历年间，《金瓶梅》问世

16世纪70年代

· 吴承恩著成《西游记》

1578年

· 李时珍的《本草纲目》成书

1600年

· 意大利耶稣会传教士利玛窦到北京，获准传天主教

1602年

· 李贽卒

1616年

· 努尔哈赤称汗，国号金，史称后金

· 汤显祖（1550～1616）卒。著有《牡丹亭》等传奇

1633年

· 徐光启卒。著有《农政全书》，曾与利玛窦合译欧

几里得《几何原本》

1636年

·皇太极在盛京即帝位，改国号为清（1636～1911）

1637年

·宋应星著《天工开物》初刊，为总结手工业和农业生产技术巨著

1641年

·徐弘祖（1586～1641）卒。著有《徐霞客游记》

1646年

·冯梦龙（1574～1646）卒。辑有话本《喻世明言》《警世通言》《醒世恒言》

1679年

·蒲松龄所著《聊斋志异》约成书于本年前后

1682年

·顾炎武（1613～1682）卒。著有《日知录》《天下郡国利病书》等

1688年

·洪昇撰成传奇《长生殿》

1692年

·王夫之（1619～1692）卒

1694年

·北京始建雍和宫

1695年

·黄宗羲（1610～1695）卒。著有《宋元学案》《明儒学案》《明夷待访录》等

1699年

·孔尚任撰成传奇《桃花扇》

1703年

·始在承德建热河行宫（避暑山庄）

1707年

·彭定求等编《全唐诗》成书

1709年

·北京始建圆明园

1716年

·《康熙字典》成书

·《格萨尔王传》在北京雕梓

1726年

·铜活字排印大型类书《古今图书集成》

1735年

·《明史》成书

1749年

·方苞卒

1750年

·始建清漪园，后改名颐和园

1754年

·《儒林外史》作者吴敬梓卒

1761年

· 文字狱迭起

1762年

· 设伊犁将军，总统新疆南北两路事务

1763年

· 曹雪芹卒。著有《红楼梦》

1765年

· 郑板桥卒

1773年

· 开《四库全书》馆

1777年

· 戴震卒。有《戴东原集》

1790年

· 四大徽班进京演出，京剧逐渐形成

1801年

· 章学诚卒。著有《文史通义》等

1804年

· 钱大昕卒

1807年

· 英国人马礼逊来广州，为基督教（新派）第一个来华传教士

1815年

· 段玉裁卒

1832年

· 王念孙卒

1840年

· 6月，英国发动鸦片战争

1841年

· 龚自珍卒

1842年

· 魏源完成《海国图志》五十卷

1851年

· 1月11日，洪秀全建太平天国

· 太平天国颁布《天朝田亩制度》

1872年

· 4月，《申报》在上海创刊

· 8月，容闳率中国第一批留学生三十人赴美

1886年

· 天津《时报》创刊，英国人李提摩太主笔

1887年

· 英美传教士在上海创立广学会，发行《万国公报》

1893年

· 毛泽东（1893.12.26 ~ 1976.9.9）生于湖南湘潭韶山冲

·郑观应《盛世危言》出版

1895年

·4月，李鸿章与伊藤博文签订中日《马关条约》

1897年

·2月，商务印书馆创立

1898年

·命孙家鼐管理京师大学堂

·9月21日，百日维新失败

·严复译《天演论》刊行

1899年

·河南安阳小屯村发现殷墟甲骨卜辞

·在敦煌石窟发现藏经洞（一说次年发现）

1902年

·2月，《新民丛报》在日本横滨创刊

1903年

·4月，邹容写成《革命军》，风行全国

·6月，《苏报》案发生，章炳麟等被捕

·陈天华著《猛回头》《警世钟》，在日本出版

1904年

·3月，《东方杂志》创刊，为中国近代历时最长的大型综合性杂志

1905年

·11月，同盟会机关报《民报》在日本东京创刊

· 南洋兄弟烟草公司在香港开设

· 复旦大学成立